岩波現代文庫／学術 300

現代語訳 学問のすすめ

福沢諭吉
伊藤正雄［訳］

岩波書店

訳者はしがき

本書は、福沢諭吉の名著『学問のすすめ』(明治五―九年刊)一七編全部の現代語訳である。『学問のすすめ』は、いうまでもなく福沢が明治の新時代発足期に当たり、広く社会に対して、今後の国民のあり方を懇《ねんご》ろに教えた社会読本・国民読本である。当時、全国の小学校の教科書としてもあまねく行なわれた。それはあたかも文明開化のバイブルのごとく、国民の口々に愛誦《あいしょう》され、近代日本人の精神形成に測り知れぬ影響を与えた。百年後の今日読んでも、福沢の徹底した自由平等の民主精神、強烈な独立自主の国民的気概など、われわれの反省に資すべきものがきわめて多い。不朽の国民的古典というべきであろう。

『学問のすすめ』は、その時代としては画期的に平易な文章で書かれたが、やはり当時の習慣上、文語文である。そのため、現代の青少年には相当読みにくい。名のみ知られて、内容は存外読まれていない憾《うら》みがある。その精神を現代に普及するには、どうしても口語文に書き直す必要がある。『聖書』にも口語訳が出来ているのと同様である。

『学問のすすめ』には、全訳本が当然あるべくして、近年まで無かった。去る昭和四十三年、私が著わした『学問のすすめ 講説』(風間書房)の訳文が初めで、今日までそれが唯一のものである。しかし同書は、七百ページに近い大冊で、一般読者には専門に過ぎる説明や注釈が多い。そこで、もっぱら一般向きに、現代語訳だけを独立させ、必要最小限の解説を添えたのが本書である。本文庫に収めるに当たっては、訳文に大幅な手直しを加え、一段と読み易くした。福沢の文章の妙味は、もちろん原文を読まなければ分からないが、かれの精神は、この現代語訳だけでも十分理解できるであろう。これならば、中学生などにもほとんど難解のおそれはあるまいと信ずる。一人でも多くの国民に、この優れた先覚者の声を聞いてもらいたいというのが私の切なる念願にほかならない。

なお、『学問のすすめ』の原文を知りたい読者には、先年私が校注した旺文社文庫の『学問のすすめ』をお勧めする。仮名を多くし、たくさんのルビを付け、側注を加えなどして、つとめて原文を読み易くしてあるから、本書の姉妹編として、是非利用していただきたいと思う。

昭和五十二年　陽春

伊藤正雄

凡　例

一　『学問のすすめ』の原文は、文章の段落ごとに必ずしも改行されていないが、本書では読者の理解を助けるため、適当に行を改めたところが多い。

一　各段冒頭の小見出しは、内容を一目で分かり易くするための訳者の用意である。

一　訳文は、直訳に過ぎて窮屈不自然に陥る弊を避け、あくまで平明を期した。センテンスの切れ目を短くし、適当に語句を補いなどして、文意の徹底を図った。補入語句たることを明らかにするため、（　）に入れたところもある。

一　語句で注を要するものは、訳文中〔　〕に入れて説明し、注の長い場合は、＊印をして各編末に付記した。

一　本文に傍点を付けた所があるが、これは訳者の老婆心に出たものである。

一　訳者は歴史的仮名遣い尊重の主義を執《と》るものであるが、本文庫の性質を考えて、あえて現代仮名遣いに従った。不必要と思われるほど仮名が多いのも、訳者の本意ではないが、少年読者への必要上、やむなきに出たものである。

〔編集付記〕

・岩波現代文庫に収録するにあたり、明らかな誤記、誤植を訂した。

・本書中に今日では差別的な表現とされる語が用いられているところがあるが、訳者が故人であることなどを鑑みて、それらを改めることはしなかった。

（岩波現代文庫編集部）

目　次

初編（明治五年二月）

天与の人権

「*天は人の上に人を造らず、人の下に人を造らず」という（西洋の）言葉がある。その意味はどうかというと、「神様が人間を造るに当たっては、どの人間にもみな平等の権利を授けられた。だから、生まれながらに貴賤《きせん》上下の差別などというものはない。人間はみんな、万物の霊長たる固有の身心の活動により、天地間にあるすべての物資を利用して、衣食住の役に立てることができる。そうして、だれに遠慮気がねもなく、しかもお互い同士迷惑をかけ合うこともなしに、めいめいが安楽にこの世を渡られるようにしてやろう、とそういうのが神様のおぼし召しなのだ」という意味である。

学問の必要

ところが、今広くこの人間社会を見渡すと、賢い人間もあれば、愚かな人間もある。貧乏人もあれば、金持ちもある。身分の高い人もあれば、低い人もあって、その実情には天地の相違があるように見える。それはなぜかといえば、理由は、簡単明瞭《めいりょう》である。『実語教』*という本に、「人学ばざれば智《ち》なし、智なき者は愚人なり」と言ってある通り、賢人と愚人との区別は、学問をするかしないかによって決まるのだ。

また、(賢人愚人の区別だけではなく、身分の貴賤や貧富の相違も、学問の有無から生ずるのである。すなわち)世の中には、むずかしい仕事もあれば、やさしい仕事もあるが、そのむずかしい仕事をする人を身分の高い人といい、やさしい仕事をする人を身分の低い人という。すべて精神的に苦労の要る仕事はむずかしい仕事であり、手足を使うだけの肉体労働はやさしい仕事である。医者とか、学者とか、政府の官吏とか、または大きな商売をする町人とか、大ぜいの奉公人を使用する大百姓などは、みな身分の高い、偉い人といえる。身分が高くて偉い人になれば、自然財産も豊かで、下の者から見れば、まるで手も届かない、違った人種のように思われる。けれども、その相違のもとはといえば、やはりその人に学問の力があるかないかによって、それだけの相違が出来たまでのことだ。別に生まれながらに神様から決められた宿命ではない。ことわざに、「神は富貴を人間そのものに与えるのではなく、その人の活動の報酬として与え給うものだ」といってある。そこで前にも言ったように、人間は生まれつき貴賤貧富の別があるわけではない。ただ学問に励んで、物事をよく知った人間は、偉い人となり、財産家となり、無学な人間は、貧乏人となり、つまらぬ身分になるだけのことなのだ。

和漢学の迂遠《うえん》

但し、ここでいう学問とは何か。それはただむずかしい字を知ったり、わかりにくい古文を読んだり、和歌を詠み、詩を作るというような、実社会に役立たぬ学問をいうのではない。むろんそれらの学問も、自然と人の心の慰みとなり、随分結構なものではあるが、昔から漢学者や国学者などが言うほど有難がるべきしろものではない。昔から、漢学者に生活のきり回しの上手な人間は少ないし、和歌がうまくて、商売上手というような町人も、めったに聞いたためしがない。そこで用心深い町人百姓は、子供が学問に精出すのを見ると、こいつはいずれ財産をつぶすのではないかと、親心から心配する者がある。無理もないことだ。つまりはその学問なるものが、実用に縁遠くて、日常生活の間に合わぬためである。

そこで今は、そんな暇《ひま》つぶしの学問は棚《たな》上げして、まず勉強しなければならぬのは、万人に共通の、日常生活に密接な「実学」*である。たとえば、いろは四十七文字を習うこと、手紙の文句の書き方、会計簿のつけ方、そろばんの置き方、天秤《てんびん》の量り方などからはじまって、さらに学ぶべき事柄はたくさんある。地理学というのは、日本国中はもちろん、世界万国の気候や土地柄を知り、交通を覚える学問である。物理学というのは、天地万物の本体をきわめて、その作用を研究する学問である。歴史学というのは、年表を詳しくしたようなもので、世界中の古今の出来事をつまびらかにするものである。経済学というのは、一身一家の生計から、社会全体の生計までを説明する学問である。修身学というのは、自分の行ないを修め、人に交わり、この世を渡るのに必要な、正しい道理を明らかにする学問である。

実学の効用

ところで、これらの学問をするには(東洋古来の書物は駄目《だめ》で)、常に西洋書の翻訳を読むことが必要となる(物を書くにも、むずかしい漢字漢文はやめにして)、大抵の事は日本のやさしい仮名で間に合わせるがよい。さらに前途有望な若い者で、学問の才能がある者には、本格的に横文字の原書を読ませることも大切だ。どんな種類の学問でも、事実そのものの客観的把握《はあく》が第一である。対象に即して、そのもの自体の働きを見きわめなければならぬ(それがいわゆる科学精神である)。わが身近な所に自然の法則を発見して、それを現実生活に活用することこそ、最も肝要である。

以上挙げたところが、万人の共通に学ぶべき実学というものであろう。いやしくも人たる以上は、貴賤上下の区別なく、みんながわきまえているべき教養にほかならない。これらの教養があってこそ、はじめて士農工商のすべてが、自分の本分を果たすことができる。これによって、めいめいの家業も営むことができ、一身一家の独立もでき、ひいては天下国家全体が本当の独立社会となれるのだ。

自由の意義

ところで、学問をするには、まず「分限」といって、人間の権利の限界を知ることも大切である。人間が天から授けられた権利は、他人からなんらの束縛も受けず、一個の男性は男性、女性は女性として、自由自在なものである。しかし、ただ自由ばかりを主張して、〝自由の限界〟をわきまえないと、それはわがままや不しだらに陥りかねない。人権平等の天理に基づき、自由を欲する人情に従って行動するのは当然としても、他人に迷惑をかけぬよう、その限度内で自分の自由を発揮することを「分限」というのである。そこで、自由とわがままとの相違は、他人に迷惑をかけるか、かけぬかにあるわけだ。たとえば、自分の金を使うのなら、酒色にふけり、したい放題遊興しても自由ではないか、といえそうだけれども、そうはゆかない。なぜかというと、一人の不品行は大ぜいの人に悪影響を及ぼし、ついには世間の風俗を乱して、社会の風教を害するからだ。たとい使う金は個人のものでも、その罪を許すわけにはゆかないのである。

国家独立の権利

次にまた、自由独立ということは、一個人にとって大切なだけでなく、一国の上についても同様である。わが日本は、アジア州の東辺に孤立した島国である。昔から外国との交際もなく、自国の産物だけで自給自足して、なんらの不便も感じなかった。ところが、嘉永《かえい》年中(一八四八―五三)アメリカ人がやって来てから、外国貿易がはじまり、ついに今日のような開国の世の中となったのだ。もっとも、幕末時代に日本が開港場を設けて、外国と貿易をはじめて後も、国民の間には議論が沸騰して、中には、開国をやめろとか、外人を追っ払えなどという保守論者もあったが、そんな了見は実に狭い。ことわざにいう「井の中の蛙《かわず》、大海を知らず」のたとえ通り、てんで問題にもならぬ議論である。

日本も西洋諸国も、同じ天地間の存在である。同じ太陽に照らされ、同じ月を眺《なが》め、共通の海を持ち、共通の空気を吸い、同じ人情を備えた人間同士である。こっちの国に余った品物は、あっちの国に与え、あっちで余ったものは、こっちにもらう。互いに教え合い、互いに学び合い、特に卑下《ひげ》する必要もなければ、威張る必要もない。ともに相手の便利をはかり、ともに相手の幸福を願う。平等の天理に従い、相愛の人道に則《のっと》って、相互親善の関係を結ぶのが当然ではないか。もし先方に道理があれば、たとい未開のアフリカの土人にでも頭を下げるべきだし、自国の正義を守るためには、強大な英米の軍艦をも恐れることはない。万一国家が恥辱をこうむるような非常時には、日本国中の人民が、ひとり残らず命を捨てても自国の名誉を全うしてこそ、一国の自由と独立が存するというべきである。

排外思想の愚

ところが、中国人などは、自分の国以外にはろくな国もないかのようにうぬぼれて、外国人を見れば、頭から野蛮人呼ばわりをする。まるで四つ足の獣でもあるかのように軽蔑《けいべつ》して、これを寄せつけない。その上、自分の国の力も考えず、むやみに外国人を追っ払おうとして、かえってひどい目にあわされているありさまである。実に国家の本分をわきまえぬ不了見というものだ。これを個人の身の上にたとえれば、天与の自由(すなわち世間のだれとでも自由に交際して、自他共同の幸福をはかるという、人間固有の性情)をみずから放棄して、傍若無人の手前勝手をふるまうものといわねばなるまい。

四民平等の新政

明治維新以来、わが国の政治は一変した。対外的には国際法をもって外国と親善を結び、国内では人民に自由独立の大精神を示している。すでに平民にも苗字《みょうじ》や乗馬を許したごときは、未曽有《みぞう》の進歩である。士農工商四民の権利を平等にするという根本精神は、ここに定まったというべきだ。そこで今後、日本国中の人民には、生まれながらその身についた特権などというものはなくなったわけだ。ただその人の才能・人格およびその役柄によって、おのずからその人の権力も生ずる道理である。たとえば人民として、政府の官吏を侮るべからざるは当然だが、それはその官吏の生まれながらの身分が高いからではない。その官吏が、自分の才能と人格によって大事な役柄を勤め、国民の幸福のために、最も大切な国法を取り扱う職権があるからこそ、これらの官吏を尊ぶにほかならぬ。すなわち、役人の生まれながらの身分が尊いのではなく、その人の扱う国法が尊いのである。

封建時代の悪風

これに反して、旧幕府時代に、東海道を将軍家御用の御茶壺《ちゃつぼ》が道中した時のものものしさは、今も世人のみな記憶するところであろう。御茶壺だけではない。将軍家御用の鷹《たか》といえば、人間以上に大切にされ、御用の馬は、往来の旅人も道をよけて通すという風であった。すべて御用の二字さえつけば、石でも瓦《かわら》でも、恐ろしい、大切なもののような観があった。世人は数千百年来、内心この御用の二字に閉口しながら、やはり自然と長い習慣が慣れっこになってしまい、政府の横暴と人民の卑屈とが重なり合って、不合理な因習を作り出したのだ。結局これらの風習の由来を考えれば、いずれも国民の幸福を守る国法が貴重なためでもなければ、またその品物自体に値打ちがあったためでもない。ただむやみにお上《かみ》の御威光風《かぜ》を吹かし、人民を脅《おど》かして、その自由を妨げようとする卑劣な政府の方針に出たものである。理由のないこけ脅しにほかならなかった。

言論の自由

今日では、もはや日本全国に、そんな不都合な制度や風俗は、絶対になくなったわけだ。だから人々は安心して、すこしでも政府に不満があれば、我慢して陰《かげ》で政府を恨むような必要はない。堂々とその手段を求め、正当な機関を通じて、穏やかに事情を政府に訴え出て、遠慮なく意見を主張すべきである。正しい天理、自然の人情にかなった議論ならば、次第によっては、命がけでも政府と争わなければならぬ。これこそ国民たるものの本分である。

平民の覚悟

前にも言ったように、個人も国家も、天の道理に基づいて、独立自由なものだから、もしわが国の独立を侵そうとする者があれば、世界万国を敵としても恐れることはない。また、もしわれわれ個人の自由を妨げようとする者があれば、政府の官吏といえども遠慮する必要はない。まして近ごろは、四民平等の根本方針もはっきり決まったわけだから、国民たる者は、皆安心して、ひたすら自由平等の天理に従い、思う存分自分の権利を行使すべきである。

とはいえ、人間にはそれぞれの身分がある以上、身分相応の才能や人格がなければならぬ。わが身に才能や人格を備えるためには、ものの道理をわきまえなければならぬ。ものの道理をわきまえるには、読書の能力をつけなければならぬ。ここにおいて、学問をすることが大切になってくるわけだ。最近の様子を見ると、農工商三種の平民は、その身分が封建時代とは比較にならぬほど向上した。次第に士族にひけを取らぬほどの勢いを示してきた。すでに今日でも、平民のうちでりっぱな人物があれば、政府の役人に登用される道が開かれているのである。平民たる者は、よくよくわが身分を反省し、自重して、学問を修め、決して下劣な行ないをしてはならぬ。

無知文盲《もんもう》の罪悪

およそ世の中に、知恵もなく学問もない人民ほど哀れな、また手に負《お》えぬ者はない。無知の結果、恥も外聞も忘れて、自分が無知のため貧乏しながら、衣食に困ると、自分の咎《とが》は棚《たな》に上げて、いたずらに周囲の富んだ人を嫉《そね》む。はなはだしきは徒党を組んで、強訴《ごうそ》〔集団抗議〕とか一揆《いっき》とかいって、乱暴を働くものさえある。恥知らずと言おうか、無法者と言おうか。社会の法律のおかげでわが身の安全を保護され、一家の生計をも営みながら、自分に都合のいい時だけ法律の厄介《やっかい》になって、自分勝手な欲のためには、その法律を犯してはばからぬとは、全く矛盾した話ではないか。中には、貧乏人でなくて、素姓《すじょう》のたしかな、相応財産のある者でも、金をためることばかり知って、子や孫に教育を授ける必要を知らぬ者がある。教育を授けなければ、その子や孫が無知になるのも不思議はない。その結果は、怠け者や道楽者になって、せっかくの先祖伝来の財産をもたちまち台無しにしてしまう場合が少なくない。

政府は国民知愚の反映

もしも、かように国民の多くが無知ならば、政府はそんな愚民を支配するのに、とても道理を言って聞かせても、分かるわけはない。勢い、政府の威光で脅《おど》かす以外に手はない。西洋のことわざに、「無知な人民は、非道な政府に支配される」とあるが、その通りだ。これは政府が非道なのではなく、無知な人民が自分で不幸を招いているのである。

無知な人民が非道な政府に支配されるとすれば、りっぱな人民は必ずりっぱな政府に治められることになるのが理の当然ではないか。だから、今わが日本においても、ちょうどわれわれ人民のレベル相応の政府が存在し、人民に相応した政治が行なわれているのだといえよう。仮に日本人の柄《がら》が今日よりも悪くなり、いっそう無学文盲《もんもう》に陥るならば、政府の法律は一段と厳重になるだろう。また人民が皆学問に志して、ものの道理をわきまえ、文明の方向に進むならば、政府の法律もいっそう寛大になるであろう。法律の厳重なのも寛大なのも、結局人民の品性の高下に従って、自然と相違ができるにほかならない。

国民の責任

人として悪政を好んで、善政を厭《いと》う者がどこにあろうか。祖国の富強を希望せぬ者がどこにあろうか。外国の軽蔑《けいべつ》を受けて、平気でいられる人間がどこにあろうか。政治の自由を愛し、祖国の富強を望み、外国の軽蔑を恐れるのは、国民たるものの共通の心理であろう。この世に生まれて、いやしくも祖国に報いんと志す者にとって、目下のところ、特に心配で心身ともに疲れ果てるほどの問題があるわけではない。ただ、われわれ人民の大切な目標とは何か。(今言ったように、政治がよくありたい、祖国の富強が願わしい、そうして外国の侮りを避けたいという)当然の国民感情に基づいて、まず自己の品行を正しくし、熱心に学問に志して、広く知識を修め、めいめいの身分に相当するだけの知恵や人格を身につけることである。国民は、政府が政治をするに手数のかからぬよう、政府は、国民を支配するに不当な圧迫を加えぬよう、双方互いに本分を尽くし、ともに相携えて、日本の平和を維持してゆくことが随一の重要事であろう。今私が読者諸君に勧める学問も、もっぱらこの事を主眼としているのである。

後書き

本書成立の由来

このたび、われわれの故郷中津*に市学校を開くことになったので、学問の精神を記して、旧知の同郷の人々に示すため、この一部の書を作った。ところが、これを見たある人から、「これをただ中津の人だけに読ませるより、一般社会に広めた方が一段と有益であろう」と勧められたので、慶応義塾の活版で印刷して、世の有志の人々に示すことにしたのである。

明治四年十二月

福沢諭吉
*小幡《おばた》篤次郎《とくじろう》

天は人の上に人を造らず、人の下に人を造らず　アメリカの独立宣言(一七七六年)の一節「すべての人は神から平等に造られている云々《うんぬん》」という文句を福沢流に表現したものと思われる。当時の日本に流行したいわゆる天賦《てんぷ》人権思想（神は平等の権利を人々に与えているという思想）を示す。

実語教　江戸時代に広く行なわれた修身書。簡単な漢文から成る。

実学　福沢の場合、実用の学とともに、実験実証の学、すなわち科学の意味をも有する。

平民にも苗字や乗馬を許した　昔は、武士以外には苗字（姓）をつけられず、馬にも乗れなかった。許可されたのは、明治三年から四年にかけてである。

将軍家御用の御茶壺　毎年旧暦四月ごろ、将軍御用の新茶を取り寄せるため、江戸から役人が茶壺を運んで宇治に行く。その往復を御茶壺道中と言い、これに出会う者は上下座《どげざ》しなければならなかった。また、将軍が鷹《たか》狩りに用いる鷹を運ぶ場合も、同様であった。

中津に市学校を開く　今の大分県中津市に、明治四年旧藩主奥平《おくだいら》家と旧藩士との共同出資で、福沢の指導により学校が開かれた。教師は慶応義塾から派遣され、いわば慶応義塾の地方分校の観があった。明治十四年廃止。

小幡篤次郎　慶応義塾における福沢最古参の門弟。中津の出身で、市学校の初代校長となったので、名義上ここに名を連ねたのである。もちろん本書が福沢ひとりの執筆であることは疑いない。

二　編（明治六年十一月）

前　書　き

学問の活用

学問とは範囲の広い名前で、目に見えぬ精神的な学問もあれば、形に現われた物質的な学問もある。心性や神霊の研究、あるいは哲学などは精神的な学問であり、天文学・地理学・物理学・化学などは、物質的な学問である。が、いずれにしても、自己の知識や見聞の範囲を広くして、それによって物事の道理を正しく判断する力を養い、人間たる者の使命を自覚するのが学問の目的である。したがって、知識や見聞を広くするには、時には人の話も聞き、自分でも工夫を凝《こ》らし、また、もちろん本も読まなければならない。そこで、学問には、本を読むために文字を知ることも必要ではあるが、昔から世間の人が考えたように、ただ文字を読むだけが学問の全部と思うのは、大きな了見違いである。文字は学問をするための道具にすぎない。たとえば家を建てるのに、槌《つち》や鋸《のこぎり》が要るようなものだ。槌や鋸は普請に欠かせぬ道具ではあるが、道具の名前を知っているだけで、家を建てる力のない者は、大工とはいえまい。同じ道理で、文字を読むことだけは知っていても、物事の道理を知らぬものは、本当の学者とはいえないのである。世にいう「論語読みの論語知らず」とはこのことだ。

飯を食う字引

いかに『古事記』のような日本の古典を暗記している者(国学者)でも、肝心の今日の米の相場を知らないならば、それは処世の学問に明き盲《めくら》だといわなければならない。いかに中国古来の道徳や歴史に精通している漢学者でも、商売の方法を心得て、りっぱに取り引きができなければ、それは金勘定の学問の下手《へた》くそな男といわなければならない。(古臭い国学者や、漢学者だけではなく、)数年間の苦心を重ね、数百円の学費を費やして、当世舶来の学問修業には成功しながら、今もって自分ひとりの独立の生計すら立てられぬ者もある。これも結局、生きた現代の学問には無縁な人間といわなければならない。つまりこれらの人間は(和・漢・洋の学問を問わず)、すべて、単なる文字の知識のブローカーにすぎないものだ。その取柄《とりえ》は、せいぜい飯を食う生きた字引の値打ちしかない。国家のためには無用の木偶《でく》の坊であり、国の経済を妨げる穀《ごく》つぶしといってもよかろう。要は、処世の法を身につけるのも学問であり、金の出入りを調べるのも学問、今日の時代の動きを察するのもまた学問である。ただ和漢洋の本を読むだけをもって学問という理由がどこにあろうか。

本書の方針

そこで、私の本の表題は『学問のすすめ』と名づけたけれども、決して字を読むだけを勧めるのが目的ではない。この本の内容は、西洋のいろいろな本から、その文句をそのまま翻訳する場合もあれば、大体の意味だけを紹介する場合もある。それが物質上の知識たると、はたまた精神上の問題たるとを問わず、一般国民の心得となるべき事柄を取りあげて、真の学問とはいかなるものか、その根本精神を示そうとしたものである。昨年著わした一冊をここに改めて初編と名づけ、初編に説いた精神を一段と詳しくして、今回この二編を書いた。さらに今後三編・四編をも出すつもりである。

人は同等なること（人権平等論）

基本的人権の平等

本書初編のはじめに、「人は万人平等の権利を与えられ、生まれながらに上下の差別はない。わが思うままに生活することが許されたものだ」ということを述べておいた。今この第二編では、その意味をもう少し詳しく説明してみたい。

人間が生まれるのは、神意によることで、人間の力によるものではない。したがって、人々は、互いに尊敬し、愛し合って、おのおの自分の職責を果たすべきで、互いに害し合ってはならない。そのわけは、皆もともと同じ人類であって、一つ神をいただき、いずれもこの天地間に生を受けた神の子だからである。たとえば、一家のうちでも、兄弟同士仲よくするのは、元来同じ一家に生まれて、同じ両親をいただく根本関係によるのと同様である。

そこで今、人間ひとりひとりの重さの比較をいえば、皆平等だというほかはない。もっともその平等というのは、現実の状態が同じだという意味ではない。基本的な人権が平等だという意味である。現実の状態からいえば、個人個人によって、貧富・強弱・知愚の区別はもとよりはなはだしい。あるものは大名・貴族に生まれて、りっぱな邸《やしき》に住み、お蚕《かいこ》ぐるみで、御馳走三昧《ざんまい》に暮らす者もある。そうかと思うと、労働者で、裏店《うらだな》を借りて、今日の生活に困る者もある。あるいは才知すぐれて、役人となり、商人となって、天下の政権・財権を握る者もあれば、知恵や分別が乏しくて、一生飴《あめ》やおこし〔庶民的な菓子の名〕の小商《こあきな》いに終わる者もある。一方に強い関取があれば、他方には、か弱いお嬢さんもあるというわけだ。だから人間の境遇は、それぞれ大きな相違があるが、それにもかかわらず、そのひとりひとりの持って生まれた基本的人権は全く平等で、少しの軽重もあるわけはない。ここでいう人権とは、人々が自己の生命を侵されぬこと、自己の財産・所有物を奪われぬこと、および自己の人格・名誉を傷つけられぬこと、という三つの根本的な権利をさすのである。

なんとなれば、神が人間を生むに当たっては、等しく人間に肉体と精神との自由な能力を与え、人々がこれら生存の権利、所有の権利および名誉の権利を全うできるように定めおかれたからである。だから、いかなる事があっても、人間の力でみだりにこれら他人の基本的人権を侵《おか》すことは許されぬわけだ。大名の命も、労働者の命も、生命の重さという一点に変わりはない。また金持ちの百万円の大金も、飴やおこしの小商人《こあきんど》のわずか一個四、五文《もん》のかせぎでも、本人が自分の財産として大切にする精神は、等しく尊重されなければならぬ。世間の間違ったことわざに、「泣く子と地頭〔殿様〕には勝たれぬ」とか、また「親と主人は無理を言うもの」などと言って、時には自己の人権を放棄するのもやむを得ぬように言う者もあるが、これは現実の境遇と、人権の本質とを混同した誤解である。

殿様も百姓も、身分こそ違え、一個の人間たる権利は違う道理がない。百姓の身に痛いことは、殿様の身にも痛いし、殿様の口に甘いものは、百姓の口にも甘いはずだ。痛いものをきらい、甘いものを好むのは、人情自然の欲望である。他人の邪魔にならぬ限りは、自分のしたいだけの事をするのが、人間の権利というものだ。この権利に至っては、殿様も百姓も少しの軽重があるわけはない。ただ殿様は富んで権力があり、百姓は貧乏で無力だという相違だけである。貧富と強弱は、それぞれの境遇の相違にすぎない。もちろん境遇は万人同一なわけはない。けれども、富強の権勢をたのんで、貧弱な者にいわれもない圧迫を加えるのは、現実の身分が違うからとて、他人の基本的人権を侵す暴挙ではないか。たとえば、力士が自分に腕力があるからとて、その腕力をふるって、むやみに隣の人の腕をねじり折るようなものだ。隣の人の力はむろん力士より弱いだろうが、弱ければ弱いなりに、わが腕を用いて、自由に自分の用が足せるはずである。理由もなしに力士に腕を折られては、迷惑千万といわなければならない。

封建時代の武士と平民

ところで、以上の原理を、日本社会の現実に当てはめて考えてみよう。旧幕府の時代には、武士と平民との差別がやかましくて、武士はむやみに威張り散らし、百姓町人を見くだすこと、あたかも目の前の罪人を扱うごとくであった。たとえば武士は、平民に対して切り捨て御免などという特権さえ持っていた。この法によれば、平民の命は自分のものではなくて、武士からしばらく借りているも同然である。百姓町人は、縁もゆかりもない武士にへイコラして、往来では道をよけ、家の中では上座にすわらせなければならなかった。それどころか、平民は自分の家に飼っている馬にさえ乗れぬほどの不便を甘受していたのだ。実に不合理な話ではないか。

今言ったのは、武士と平民と、個人同士の関係の不公平を挙げたのだが、旧幕時代の政府と人民全体との関係となると、なお一段とひどいものがあった。幕府はもちろん、全国三百の大名の各藩が、それぞれ小さな独立政府を設けて、百姓町人を武士の勝手気ままに支配していた。時には仁政に類することもないではなかったが、それとてやはり実情は、人民固有の自由の権利を認めていたわけではないから、全くお話にならぬことが多かった。

封建時代の政府と人民

一体、政府と人民との関係というものは、前にも言ったように、ただ権力の強いか弱いかの外形に相違があるだけで、権利そのものには、なんの相違もあるわけではない。百姓は米を作って、社会に食糧を供給し、町人は物を売買して、社会の便利をはかる。これが百姓町人の仕事である。一方、政府は法律を作り、命令を発して、悪人を押え、善人を保護する。これが政府の仕事である。ところが、政府がこの仕事をするにはたいへんな費用が要るけれども、政府自身には、一粒の米もなければ、一文の金もない。だから、百姓町人が年貢米《ねんぐまい》や税金を政府に出して、財源を負担しようと、双方合意の上で、契約を結んだわけなのだ。これがすなわち政府と人民との相互契約関係にほかならない。そこで百姓町人は、年貢や税金を払って、かたく政府の法令を守れば、それで自分の使命を果たしたものといってよい。一方政府は、年貢や税金を受け取って、これを正当に使用し、人民を保護すれば、それで政府の使命は尽きたというものだ。政府も人民も、双方十分その使命を守って、契約に背《そむ》くことがなければ、その上になんの問題も起こるわけはない。双方とも自分の権利を思う存分発揮して、少しも差しつかえないわけである。

封建政治の専制

ところが、幕府時代には、人民は政府のことをお上様《かみさま》とあがめ奉っていた。お上《かみ》の御用とあれば、役人どもはおそろしく威張るばかりか、旅行をしても、宿屋の払いを踏み倒す。渡し場でも料金を払わず、人足に賃銭も与えない。それどころか、ひどいのになると、侍《さむらい》の方が人足から酒代《さかて》を脅し取ることさえあった。実にお話にもならぬひどいものだった。そうかと思うと、殿様の道楽で普請をはじめたり、または、その下の役人の了見で無用な事業を起こしたりする。金を使いすぎて、財政困難になると、いろいろもっともらしい理由をつけて、百姓の年貢を増額したり、町人に御用金を申しつけたりする。こういう場合、よく「御国恩《ごこくおん》に報い奉るのはこの時であるぞ」などという美名が使われたりしたものだ。

だが、一体御国恩とは、何のことであるか。百姓町人らが無事に家業ができ、強盗・殺人の気づかいもなく生活できるのは、政府の御恩だという意味なのであろう。もちろんそういう風に、無事に暮らせるのは、政府の法令の力には違いない。しかし、法令を作って人民を保護するのは、政府本来の仕事で、当然の職責ではないか。特に御恩などという筋合いはない。政府が人民に向かって、政府の保護を御恩呼ばわりするならば、百姓町人は、逆に政府に向かって、年貢や税金を差し出すのを「人民の御恩」と呼んでもよかろう。政府が人民の訴訟《そしょう》を裁《さば》くのを「当局の御手数」というならば、人民の方でも、十俵収穫した米のうち、五俵の年貢を取られるのは、「百姓にとって飛んだ御迷惑」といってもいいわけだ。いわゆる売り言葉に買い言葉で、互いにこんなことを言い合ったら、際限もない。ともかく、双方とも相手に恩恵を受けているのが事実とすれば、人民だけが政府に礼を言って、政府が人民に礼を言わぬ理屈はなかろう。

なぜこういう間違った習慣が起こったのか、その原因を考えてみると、その根本は、やはり政府が人権平等という大精神に正しい理解を持たぬためである。もっぱら貧富・強弱の境遇の相違を悪用して、自己の富強の権勢を笠《かさ》に着て、人民の貧弱な力を圧迫し、彼らの権利を侵害するに至ったものである。だから人間たるものは、常に権利の平等という精神を忘れてはならぬ。この精神は、人間社会で最も大切なものである。西洋の言葉で、これを「レシプロシティ」〔相互対等関係〕または「エクオリティ」〔平等関係〕といっている。初編のはじめに言った「万人同じ権利」とは、この意味である。

国民順法の義務

以上述べたところは、百姓町人の側《がわ》に味方して、思う存分自分たちの権利を主張せよと勧めたのだが、しかしその半面、別に注意しておきたいことがある。

そもそも人間を取り扱うには、すべてその人間の人柄に応じて、当然その方法にも、手加減が必要なわけだ(すなわち、ものの分かった人間は、自由にさせておいても間違いないが、程度の低い人間には、やはりブレーキが要るのである)。

元来人民と政府との関係は、前述の通り、不可分一体のものであるが、それぞれの役目が分かれている。すなわち政府は、人民の代理人となって政治を施行し、人民は、「必ず現政府の政治には従いましょう」と堅く約束したものである。そこで今、いやしくも日本人で、明治の年号をいただく限りの者は、明治政府の政治に従うことを誓った人間のはずである。だから、政府が国法と決めたことは、たとい時には、自分に不都合なことでも、その法が改正されるまでは、勝手にこれに違背することは許されない。細心の注意をもって、ひたすらこれに従わなければならない。これが人民の責任というものだ。

国法無視の災い

ところが、世の中には、無学文盲で、是非善悪の一かけらも分からず、わが身にできることといえば、飲むと食うと、寝ると起きるとだけという困り者が少なくない。それでも、無学のくせに欲の皮は張っていて、ぬけぬけと人をだまし、政府の法網をくぐることはうまくて、国法などは何とも思わず、国民の本分などは顧みもしない。子供だけは盛んに作るが、肝心のその子を教育する方法など考えたこともない。これは全く無恥無法の馬鹿者《ばかもの》というべきである。こういう人間の子孫が将来繁殖すると、国家の利益になるどころか、害毒を流す場合がないとはいえない。政府としては、こういう愚民どもを取り扱うには、とても道理をもって説得するわけにはゆかないから、やむを得ず、力で威圧して、当座の弊害を防止する以外に手はなかろう。これがすなわち、この世に専制政府のできる理由である。これはわが国の旧幕時代がそうだったばかりではなく、アジア諸国は昔から皆同様であった。

だから、一国に専制政治が行なわれるのは、必ずしも専制の君主・役人の罪ばかりとはいえない。実は国民が無知無学のために、自分でそういう不幸な政治を招いているのだ。現に(今の日本の社会を見ても)、他人におだてられて、暗殺を計画する者があるかと思えば、新政を誤解して、一揆《いっき》を起こす者がある。強訴《ごうそ》と称して、金持ちの家を襲撃し、酒のただ飲み、銭の持ち逃げをするやつもある。その乱暴は、全く人間のしわざとは思われぬくらいひどいものだ。そんな暴民を取り扱うには、お釈迦《しゃか》様でも、孔子様でも、とても妙案が浮かぶわけはない。必ずや厳しい政治を行なうほかに方法はあるまい。そこで私は、あえて言いたい。「もし日本国民が専制政治をのがれたいならば、今日からすぐさま学問に志して、才能人格を高め、政府と並んで、国民の実力が見劣りせぬ程度まで向上しなければならぬ」と。これすなわち、本書が諸君に学問を勧める精神である。

三　編（明治六年十二月）

国は同等なること（国権平等論）

国権の平等

およそ、人間という名がある限り、金持ちも貧乏人も、強い者も弱い者も、人民も政府も、皆その権利は同じだということを、すでに第二編に記しておいた。今度は、その原理を国家と国家との関係に推《お》し及ぼして考えてみよう。

本来、国家とは、人民の集まったものである。したがって、日本の国は日本人の集まったものであり、イギリスはイギリス人の集まったものである。日本人もイギリス人も、同じ天地間の人間である以上、その個人同士が互いに相手の権利を侵していい道理はない。一人の国民が一人の他国民に向かって、その権利を侵していいという理屈が成り立たぬならば、二人の国民が二人の他国民に向かって、その権利を侵すこともできぬ道理であろう。この理屈は、百万人の場合でも、千万人の場合でも同様なわけだ。物の道理は、人数の多少によって変わるわけはない。

そこで今、世界中を見渡すと、文明国と称して、文化も軍備も進歩し、富強を誇る国もあれば、野蛮国といって、文化も軍備も不完全で、貧弱な国家もある。一般にヨーロッパやアメリカの諸国は富んで強く、アジアやアフリカの諸国は貧乏で弱い。しかしこの貧富や強弱は、それぞれの国の境遇の相違であって、国情が各自同様でないのはいうまでもない(しかしそれは、決して国の権利の相違を意味するものではない)。ところが今、自分の国が富強だからとて、その威力を笠《かさ》に着て、貧弱な国に理不尽な圧迫を加えるならば、それはちょうど強い相撲《すもう》取りが、腕力でか弱い病人の腕をひねり折るのと同然だ。国家の権利からいって、許せぬ罪悪ではないか。

日本人の覚悟

現に、わが日本でも、現在の実情は、西洋諸国の富強に及ばぬ点があるにせよ、国家としての権利には、少しの相違もあるはずはない。万一道理に反して、他国の侵害を受けるようなことがあれば、世界中を敵としても恐れることはない。初編〔本書七頁〕にも記したように、「日本国中の人民が、ひとり残らず命を捨てても自国の名誉を全うしてこそ、一国の自由と独立が存する」というのは、かかる場合のことである。

そればかりではない。個人も国家も、貧富とか強弱とかいう状態は、決して神から決められた永遠の運命ではない。人々の努力いかんで、当然変化しうるものである。今日の愚人も、明日は知者になれるし、かつての富強国も、今では貧弱国になり下がることがないとはいえぬ。古今の歴史にその例は少なくあるまい。われわれ日本人も、今から学問に発奮し、しっかり肚《はら》をすえて、まず各自の生活の独立をはかり、その結果、一国の富強を実現するならば、西洋人の威力も恐れる必要がどこにあろう。正義を守る国には親しく交わり、正義を破る国はこれをやっつけるだけのことだ。国民が各自の独立を確保してこそ、はじめて一国の独立も全うできるとはこのことである。

一身独立して一国独立すること(個人の独立即国家の独立)

愛国心と独立心

前条に述べたように、世界中の国々は皆同権であるが、しかし、その国民にしっかりした独立の精神がなければ、その国家独立の権利を確保することはできない。その事情を詳しく言えば、次の三つの場合がある。

第一に、しっかりした独立の精神のない国民は、祖国を愛する気持ちも強くない。

独立とは、自分一身のことに責任を持ち、他人の厄介《やっかい》にならぬ精神をいうのである。すなわち、自分で物事の善し悪《あ》しを判断して、適当な処置を執りうる者は、精神的に他人の厄介にならぬ独立の人といえる。また、みずから心身の勤労によって、自分一個の生計を立てうる者は、経済上、他人の厄介にならぬ独立の人である。もしも国民のひとりびとりにこの独立心がなくて、ただ他人の厄介になろうとする人間ばかりだったら、全国民は皆厄介者ばかりで、その世話をする人間はなくなってしまうであろう。たとえていえば、盲人の行列に、手引きをする目明きがないようなものだ。まことに心細い次第ではないか。

儒教流政治の危険

ある人はいう、「『民はこれに由《よ》らしむべし、これを知らしむべからず』と古人（論語）もいった通り、人民は、ただ政府に服従させておけばよろしい。政治の内幕を知らせる必要はない。どうせ世の中は無知な民衆が多いのだから、すぐれた政治家が上に立って人民を支配し、政府の言う通り服従させれば、それで十分なのだ」と。こうした考え方は、昔孔子が唱えた儒教の主義であるが、これは大変な間違いである。なんとなれば、一国のうちに、人民を支配するほどの知恵者は、千人のうち一人ぐらいなものであろう。仮にここに人口百万人の国があるとすれば、このうち千人だけが知恵者で、あとの九十九万九千人は、無知の愚民という勘定になる。今、この少数の知恵者の知識と徳望とによって、多数の愚民たちを支配するとする。そうしてこれを、あるいは子のごとく愛し、あるいは羊のごとく養い、時には脅《おど》し、時にはすかし、慈悲と威令とをあわせ用いて、人民の行くべき道を指導するとしよう。いかにも愚民たちは、自然と政府の言うなりになって、窃盗・殺人の事件も起こらず、国内はしごく平穏無事に治まるであろう。だが、そうなると、この国の人間は、初めから主人公と居候《いそうろう》との二種類に分かれてしまうわけだ。そこで、主人公は千人の知者だけとなって、これだけが適当に国家を支配し、あとの大ぜいの人民は、すべてなにも知らぬ居候の身分ということになる。いったん居候ということになれば、もちろん自分で心配する苦労もなく、ただなにごとも主人公のおぼし召し次第。自分に責任がないから、国家を憂える気持ちも、主人公とはまるで違うのは当然で、はなはだ無関心とならざるを得ない。

それも国内政治の問題にとどまる限りは、まだいいとしよう。ひとたび外国と戦争が始まったような場合には、国家にとってどれほど不利か、想像してもわかるであろう。無知無力の民衆は、まさか自国を敵に売り渡しはしないまでも、「われわれは国の居候だから、命など捨てるのは身分不相応だ」といって、どんどん逃げてしまう者が多いに違いない。そうなれば、この国の人口は、表向きは百万人でも、国を守るという一大事には、その人数ははなはだ少なくなってしまう。これではとても一国の独立を守ることはできまい。

祖国防衛の気概

そこで、外国に対して日本の権利を守るには、自由独立の気風を全国民の間に盛んにせねばならぬ。いやしくも国中の人民たる者は、貴賤《きせん》上下の別なく、祖国のことを自分自身の問題として、知者も愚者も、五体満足の者も不具廃疾《はいしつ》の者も、めいめい国民としての責任を果たさねばならぬ。イギリス人はイギリスを祖国と思い、日本人は日本を祖国と思う。その祖国の土地は、他国民の土地ではなく、自国民の土地なのである。さすれば祖国を愛すること、あたかもわが家を愛するごとくでなければならぬ。国家のためには、わが財産をなげうつばかりか、命を捨てることも辞すべきではない。これこそ国に報いる最高の道である。

もちろん一国の政治をするものは政府で、その支配を受けるのは人民だが、それはただ便宜上、双方の役目を分担するにすぎない。かりそめにも一国全体の名誉にかかわる事態が生じた時、人民たる者の責任上、政府だけに国家の運命を任せて、ノホホンと傍観していてよい理由があろうか。すでに日本のだれそれ、イギリスのなにがしと、自分の姓名の上に祖国の国籍がつくからは、その国に住み、その国で自由に生活しうる権利がある。権利がある以上は、当然それに伴う責任もなければならない。

東西国民精神の相違

昔、戦国時代〔十六世紀〕に、駿河《するが》の今川義元が、数万の大軍をひきいて、尾張の織田信長を攻めようとした時、信長の計略で、桶狭間《おけはざま》〔愛知県〕にひそかに忍びの軍隊を配備し、急に今川の本拠を襲撃して、義元の首を討ち取った。そこで駿河の軍勢は、蜘蛛《くも》の子を散らすように、戦いもせずに逃げてしまって、さしも武名をとどろかした今川の政権も、たちまち跡形もなく滅びてしまった。ところがこれとは反対に、つい二、三年前〔一八七〇—七一〕、フランスとプロシアとの戦争〔普仏戦争〕があった時には、両軍接戦後早々、フランス皇帝ナポレオン三世は大敗して、プロシア軍の捕虜になった。しかし、フランスの市民は、そのために絶望するどころか、士気ますますふるって防戦に努めた。幾多の犠牲者を出して、数カ月間パリーに籠城《ろうじょう》の後、ついに講和となったけれども〔敗戦にかかわらず〕、フランスはやはり元のフランスとして残ったのである。前の今川の場合と比べれば、てんで段違いの話ではないか。

その理由はどこにあるかというと、駿河の人民は、ただ義元ひとりを当てにして、自分たちはまるで居候の了見で、駿河の国を本当に自分の祖国と思う気持ちがなかった。一方、フランスには、愛国心に燃えた人民が多く、国家の危急を各自に引き受けて、人から勧められるまでもなく、進んで祖国のために戦ったからこそ、かような相違も生じたわけだ。これから考えても、外国に対抗して、自国を守る場合、独立の精神が盛んな国民は、国を愛する念も深く、独立心のない国民は、愛国心も乏しいことが推測されるであろう。

日本人の卑屈

第二に、国内において、自己の身分に独立の誇りを自覚し得ない人間は、外国人に接する場合も、独立の権利を張ることができない。

独立の精神のない人間は、必ず他人をあてにする。他人をあてにする人間は、必ず他人の思惑《おもわく》を考える。他人の思惑を考える人間は、必ず他人にゴマをするものだ。いつも人の思惑を考え、人にゴマをするような人間は、自然それに慣れて、鉄面皮になってしまう。恥ずべきことも恥と思わず、言いたいことも言わず、人をさえ見れば、ヘイコラするばかりだ。世にいう「習慣は第二の性格になる」とはこのことで、いったん習慣になると、中々改めることはできない。

たとえば今日、日本で平民に苗字《みょうじ》や乗馬が許され、裁判所の制度も改善されて、表向きは平民も士族と同権になったけれども、その習慣は急に変わるものではない。平民の気風はやっぱり封建時代の平民そのままである。（彼らは自分に独立の誇りを持たないから、）言葉づかいも卑屈、人との応対も低劣で、目上の人に会えば、一言半句も自己を主張することができない。立てと言われれば立ち、舞えといわれれば舞い、その素直《すなお》なことは、まるで家に飼った痩《や》せ犬同然である。実に意気地《いくじ》無《な》しの恥知らずというほかはない。昔の鎖国社会で、旧幕府のような専制政治が行なわれていた時代ならば、人民の意気地のない方が、政治にさしつかえないばかりか、かえって便利でもあったろう。だから、わざと人民を無知にして、無理におとなしくさせておくのを政治の秘訣《ひけつ》ともしたのである。だが今や、日本が国を開いて、外国と交際するようになった以上、これはたいへんな弊害となるであろう。

国辱的な外国貿易

たとえば田舎の商人連中が、恐る恐る外国貿易をするつもりで横浜などにやって来ると、まず外国人の体格のたくましいのを見てびっくりする。それから、外人が金をたくさん持っているのにびっくりし、外国商社の堂々たるにびっくりし、外国汽船の速いのにびっくりする。すっかり度胆《どぎも》を抜かれたあげく、いよいよこれらの外国人に接触して、商売をはじめてみると、彼らの掛け引きの抜け目ないのにまたびっくりする。無理な理屈をこねられると、ただびっくりするだけではない。彼らの威勢に怖《お》じ気《け》づいて、相手が無理とは知りながら、みすみす大きな損害を受け、大きな恥をかくことさえある。これはその人間一個の損害ではない。日本全体の損害である。その人間一個の恥辱ではない。日本全体の国辱である。

実につまらぬ話であるが、これというのも、根が先祖代々、独立の気分を味わったことのない町人根性の悲しさだ。武士にはいじめつけられ、お奉行《ぶぎょう》様にはしかられ、下っぱの足軽ふぜいにすら(相手が刀をさす限り)、お武家様とあがめ奉ってきた根性は、腹の底までしみついて、急に改めるわけにはゆかないのである。こういう腰抜け連中が、人を人とも思わぬ外国人に出会って、度胆を抜かれるのも不思議はない。これから見ても、国内において独立の精神を持たぬ人間は、外国人に対しても、独立の権利を主張し得ないことは明らかであろう。

憎むべき売国行為

第三に、独立の精神のない者は、他人の力を利用して、悪事を働くことがある。

旧幕時代には、*名目金《みょうもくきん》といって、将軍家の一門たる御三家《ごさんけ》〔水戸・尾張・紀伊の三藩〕などという勢力の大きな大名の名義を借りて、人に高利の金を貸しつけ、随分暴利をむさぼった者がある。そのやり口は、まことに非道なものであった。自分の金を貸して、返さぬ者があれば、幾度でも手を尽くして、政府に訴えればいいのに、政府をはばかって訴えもせず、卑劣にも、他人の名義を借り、他人の威光を笠《かさ》に着て、返金の催促をするとは、卑怯《ひきょう》きわまるしわざではないか。

現代では、名目金というような問題は聞かないけれども、もしかすると、世間には、*(権力ある)外国人の名前を借りて、不正を働く人間がいはしまいか。まだ確かな証拠をつかんだのではないから、はっきりしたことは言えないが、幕府時代の名目金のことから推し測ると、今の世の中にもそんな不安がないとはいえない。この後、外国人*が日本人と雑居するようなことになった場合、万一にも外人の名義を借りて、不正を働く人間が出てきたならば、国家の不幸は実に言うに忍びぬものがあろう。

だから、人民に独立の精神のないのは、政府にとって取り扱いが楽だ、などと安心してはいられない。国家の不幸は、意外な方面から発生するものだ。国民に独立の気力が乏しければ、彼らが国を裏切る危険もそれだけ大きいであろう。この第三条の題目に掲げた「独立の精神のない者は、他人の力を利用して、悪事を働くことがある」というのはそのことである。

国民総独立の必要

以上三箇条の趣旨は、いずれも、人民に独立の精神がないために生ずる国家の災いを述べたのである。そこで、現代の日本に生まれて、愛国の精神ある者は、官吏たると民間人たるとを問わず、まず自分一身の独立をはかり、余力があれば、自分以外の人をも独立に導くべきだ。すなわち、父は子に、兄は弟に独立を教え、教師は生徒に独立を勧め、四民ともに独立して、日本の国を守らなければならぬ。一言でいえば、昔のように、支配者が人民の力を奪っておいて、自分らだけで国事に苦労するより、全人民を解放して、これに自由と独立を与え、国家の苦楽を彼らとともに分かち合う方が賢明というべきである。

名目金　江戸時代に、御三家、諸大名、有力な社寺等の名目(名義)を借りて貸しつけた金。利子も高く、貸借訴訟上の優先権もあって、貸し主に有利であった。明治元年廃止。

世間には、（権力ある）外国人の名前を借りて云々《うんぬん》　明治中期までは治外法権の時代で、日本の法律は在日外人に適用できなかった。

外国人が日本人と雑居する　当時は、まだ外人は、一定の都会の居留地以外には住めず、国内の旅行にも制限があった。外人に全国を解放して、居住・旅行を自由にさせるべきか否かが当時の大問題であった。実現したのははるかにおくれて、明治三十二年である。

四　編（明治七年一月）

学者の職分を論ず（民間学者の責任）

日本独立の可能性は未知数

近ごろ、内々《ないない》世間の学者たちの話を聞いていると、「今後の日本の盛衰は、人知でたやすく判断はできないが、結局国家の独立を失うような心配はなかろうか。それとも、現状の線に添って次第に進歩するならば、必ず日本はりっぱな文明国の段階に達しうるだろうか」と言って、わが国の前途を問題とする者がある。そうかと思うと、「日本が独立を全うできるかどうかは、今から二、三十年もたってみなければ、はっきり分からぬだろう」と言って、懐疑的な態度をとる者もある。さらに日本を軽蔑《けいべつ》しきった外国人の説によると、「とても日本の独立はおぼつかない」と言って、その前途を否定する者すらある。

もとよりわれわれは、これらの人々の意見を聞いて、ただちにそれを信用し、失望するわけではない。けれども、結局こうしたいろいろな意見が起こるのも、わが国が独立を全うしうるか否かについて疑念があるからにほかならない。疑問の余地のない事柄には、問題の生ずるわけもないからである。たとえば今、英国に行って、「大英帝国の独立がはたして可能かどうか」と質問するならば、英国人はだれも笑って相手にしないであろう。なぜ相手にせぬかといえば、大英帝国の独立などは、今さら疑問視する余地がないからだ。してみれば、日本の文明の現状は、封建時代の過去に比べれば、あるいは進歩したらしい形跡はあるにしても、まだまだ将来の運命に幾分の疑いがないとはいえない。

かりにも日本に生まれて、日本人たる以上は、この日本独立の問題を心配せずにはおられぬであろう。われわれは、等しく日本に生まれて、日本国民の名を有する者である。すでにその名を有する以上は、各自わが責任を自覚して、その責任を尽くさねばならぬ。もちろん、政治の範囲内に属する事柄を処理するのは政府の責任だが、世間の事業には、必ずしも政府が関係するのを適当とせぬものも多い。国全体が完備するには、人民の力と政府の力とが並び行なわれてこそ、はじめてその成功が期待されるのである。国民は国民としての責任を尽くし、政府は政府としての義務を果たして、互いの協力によって、日本の独立を全うしなければならぬ。

官民権力平均の必要

すべて物の調和を得るには、力のバランスが必要である。たとえば、人間の身体《からだ》でもそうだ。身体を健康に保つには、外部から飲食の栄養を摂取し、空気や日光の恩恵を借りなければならない。寒さ熱さや痛み痒《かゆ》みの刺激を外部から加えて、体内の生命力がこれに呼応し、それによって肉体の活動が可能になるのである。今ただちに飲食・空気・日光以下一切外部の刺激をやめて、ただ体内の生命力の働きだけに任せて放置するならば、肉体の健康は一日も保つことはできまい。

国家も同様である。政治は国全体の活動である。この活動を完全にして、一国の独立を保つためには、内に政府の力があり、外に人民の力があって、政府の力と人民の力とが呼応して、両者のバランスがとれなければならない。つまり(国の政治を身体の健康にたとえるならば)、政府は体内の生命力のごとく、人民は外部からの刺激のようなものだ。今急にこの人民の刺激を取り去って、ただ政府の活動だけに放任するならば、国の独立は一日も保つことができまい。いやしくもこうした人体生理の道理をわきまえて、その原理が一国の政治の理論にも当てはまることを認める人間ならば、力のバランスの必要なゆえんを疑えぬであろう。

依然たる官民の無自覚

現在、日本の国情を観察して、外国に及ばぬ点をあげて見れば、第一に学問技術、第二に経済、第三に法律がある。世の文明はもっぱらこの三つの条件と結びついているのだ。この三拍子《びょうし》が揃《そろ》わなければ、国の独立はおぼつかない。それは、識者の意見を聞くまでもなく、分かりきったことである。ところが、今わが国では、この三つの中の一つも、まだ軌道に乗って格好のついたものはない。

そもそも明治の新政府成立以来、政府の役人が文明の推進に努力しなかったわけではない。また、彼らの才能力量が乏しかったわけでもない。が、それにもかかわらず、文明の進路に当たって、どうにもならぬ障害があって、政府の理想通りに運ばぬ事情が多かった。その原因は何かといえば、人民の無知文盲がそれである。政府は早くもこれが文明不振の原因たることを悟って、しきりに学問技術を奨励し、近代的な法律制定の調査論議を続けた。また商売をする新しい方針を授けるなどの努力をも重ねてきた。時には人民に説き勧め、時には政府みずから模範を示しなどして、いろいろ手段を講じてみた。しかし今日まで、たいした実績があがった様子はない。政府はやはり昔ながらの専制政府であり、人民は昔ながらの無気力な愚民たるにとどまっている。

たまには、幾らか文明の進歩した形跡はあるにしても、政府がそのために払った労力や費用に比べると、成功の注目に値するものが少ない。それは何ゆえかと言えば、一国の文明は(やはり人民の自発的活動と、民間識者による啓蒙《けいもう》とが大切なので)、ただ政府の努力だけでは推進できぬことが根本原因である。

人民無気力の由来

ところが、(政府を支持する人の中には、)こういう事を言う人がある。「現政府は、かかる愚民を指導するため、当分のうちだけ強制的に政府の方針に従わせ、人民の知徳の進歩を待って、彼らが自発的に文明に赴《おもむ》くような方針を執っているのだ」と。しかしこうした意見は、口には唱えられても、所期の目的を実現することはできない。なんとなれば、日本の人民は、数千百年以来、専制政治にいじめつけられた結果、自分の肚《はら》に思うことを口に出して言えなくなっている。彼らはひたすら政府をごまかして身の安全を図り、役人をだまして罪を逃れることばかりを考える。そのために、うそとごまかしが世渡りの必要手段となり、不正直が日常の習慣となっている。それを恥じる者もなければ、怪しむ者もない。良心に恥じるなどという精神は、薬にしたくも無いのである。まして国家を思うことなどあろうわけもない。

そこで、(幕府以来)歴代の政府は、こうした上《かみ》を偽る不届きな了見を矯《た》め直そうというので、ますますお上の御威光を笠《かさ》に着て、人民どもを脅《おど》したり叱《しか》ったり、なんとかして正直にさせようと努力したが、なんの効果もなかった。かえってますます不正直に追いやったにすぎない。その事情は、まるで火をもって火事を消そうとするような逆効果になったばかりだ。こうして、ついに政府と人民との仲は全くかけ離れて、官民ともに一種の目に見えぬ気質《かたぎ》が出来あがったのである。その気質というのは、西洋でいうところのスピリット〔根性〕なるものである。

人間の根性は、急にたたき直せるものではない。明治になって、政府の表向きの方針や制度だけは大いに改まったけれども、専制独裁の役人気質は、今日もやはり変わらない。人民もようやく権利を与えられたようには見えるが、卑屈不誠実の素町人根性・土百姓根性は、依然として封建時代のままである。この官民それぞれの気質は、もちろん手に取って見えるような性質のものではないから、一人の人物、一場の事件を見ただけでは、たやすくこの事実を証明することはできない。けれども、実際これらの役人気質なり、百姓町人根性なりの潜在力は非常に強いものだ。それが社会のあらゆる現象に出て来るところを観察してみると、いかに事実の根深いかがわかる。ためしにその一例を挙《あ》げてみよう。

官民疎隔の伝統

現在、日本の政府には相当の人材が少なくない。個人として意見を聞き、その行ないを見れば、大概は見識もあり、度量も広いひとかどの人物である。われわれの目から見て、批判を加える余地がないばかりか、その言行には敬慕に値するものさえある。また一方、人民の側《がわ》を見ても、平民だからとて、全部が無気力な愚民ばかりではない。万人に一人ぐらいは、まれに潔白で正直な人間もいないではない。ところが、そのひとかどの人物たちが、いったん政府に集まり、政治を行なう段になると、その政治の実績は、われわれから見て感心できぬ点がすこぶる多い。他方、かの正直な頼もしいはずの人民も、政府に接する場合は、たちまちふだんの人柄が変わって、うそいつわりで役人をごまかし、少しも恥じるけはいがない。

ひとかどの役人にして、かかるつまらぬ政治を行ない、善良な人民のくせに、政府に向かっては、かかる卑劣な言動をあえてするとは、そもそも何ゆえであろうか。まるで一身に両頭を備えた化け物のようなものではないか。役人たちは、個人としては、あっぱれ有識有能の士でありながら、役目の上では、まことにつまらぬことしかやらない。ひとりびとりを離しておけば、皆賢明な人材だが、これを政府に集めてみると、たちまち暗愚な凡物になってしまう。して見れば、日本の政府は、おおぜいの知恵者が集まって、一つのつまらぬ政治を行なうところだともいえるであろう。まことに不可思議千万といわなければなるまい。

結局こうなったのも、もとはといえば、かの日本伝来の役人気質、あるいは百姓町人根性があまりに根強いため、役人も人民も、ともに自分一個の価値を十分発揮できなくて、かかる結果に至ったものといえよう。維新以来、政府で学問技術・法律・経済等を整備振興しようとしながら、いっこうその効果が挙がらないのも、その欠陥の原因はおそらくここにあるのである。

ところが今、〔前記のある人の説のように〕政府が一時の方便を設けて、人民を指導し、その知徳の進歩を待って、自発的に文明に進ませようというのは、政府の威光で人民に文明を強制するか、それとも甘言を用いて人民を誘導する政策を意味するのであろう。しかしながら、政府が御威光を持ち出せば、必ず人民は例のごまかしの奥の手でこれに応ずるだろうし、政府が甘言を用いれば、人民はうわべだけいい顔をして、これに従うにすぎないであろう。決してこれは適当な政策ということはできない。思いつきは良いとしても、実際文明の諸事業〔学術・法律・経済等の推進〕に実施して、成功は困難であろう。そこで私は、「世の文明を推進するには、政府の力に頼らせるだけでは駄目《だめ》だ」と断言したい。

洋学者の事大主義

これまで述べてきたところから考えても、現在、わが国の文明を進めるには、まず国民の心にしみこんでいる官尊民卑の根性を根絶せねばならぬ。これを根絶するにはどうすればいいか。政府の命令ではどうにもならぬ。個人のお説教だけでも利き目はない。必ず衆人の先頭に立って、民間で独立の事業を興《おこ》し、人民の学ぶべき模範を示す人間がなければならぬ。しからば今、この模範となるべき人物はどこにあるかといえば、百姓町人の中にはいない。また国学者や漢学者の間にもいない。その重大な任務を負うべきものは、天下にたった一種類、われわれ洋学者仲間があるだけである。

ところが情ないかな、この洋学者さえあまり当てにならぬわけがある。というのは、この洋学者連中がだんだん増えてきて、あるいは原書を研究し、あるいは翻訳書を読みなどして、おおいに勉強はしているようだが、せっかく西洋の文章を読みながら、肝心の洋学の精神を理解しないのか、精神は理解しても、身をもって実行する誠意がないのか、彼らの行動には、私などから見ると、不思議にたえぬことが少なくない。何が不思議かといえば、この堂々たる学者先生たちが、皆政府にばかり色目を使って、民間の仕事にいっこう気のないことだ。政府の役人になることばかり考えて、民衆の間に生きることを知らない。これは結局、封建時代の漢学者どもの癖が、洋学者にも抜け切っていない証拠である。これではまるで漢学者の胴体に、洋学の衣裳《いしょう》をまとったにすぎぬではないか。ためしにその実例をあげよう。

今、世間の洋学者連中は、大抵皆政府に仕えている。民間で独立の仕事をしている者は、ほんの数えるほどしかない。思うに、多くの洋学者が政府に仕えているのは、ただ収入の多いのを望むためばかりではあるまい。昔ながらの日本の教育が身にしみついていて、むやみと政府を頼みにし、政府の力でなければ何事もできぬように思いこんでいるのだ。お上《かみ》の御威光にすがって、わが多年の目的を遂げようとするにほかならない。世間有名な大学者先生でも、往々この程度の見識しかないのだ。その態度はさもしいように思われるが、その了見はあながち深くとがめることもできまい。それは本人の不了見というより、やはり古来の社会の因習にとらわれて、自覚が足らないのである。

官尊民卑万能の世

天下知名の大家先生でもこの調子だから、世間一般がこれに倣《なら》うのも無理はない。

そこで若い学生たちは、少しばかり本を読めば、たちまち役人になりたがる。ひと儲《もう》けしようとたくらむ町人は、わずか数百円の元手《もとで》を持てば、まず政府御用の看板をかけて商売をはじめたがる。学校も官許、説教も官許、牧畜から養蚕まで官許を売りものにするものばかりだ。およそ民間の事業の十中七、八までは、政府の関係せぬものはない。だから、世間の人心は、ますますこの風潮に従って、政府にすがり、政府を頼み、政府を恐れ、政府にへつらい、少しも独立自尊の勇気を発揮する者がない。その意気地無さは見るにたえぬものがあるわけだ。

たとえば、今発行されている新聞や、政府諸官庁にさし出す書類・意見書の類もその一例である。出版の規則がそれほど厳重でもないのに、新聞の紙面を見ると、政府の御機嫌《きげん》にさわりそうな事柄は一切載せない。そればかりか、政府が少しでも良い事をすれば、むやみにほめそやして、大げさに書き立てることは、まるで遊女が客に媚《こ》びるのとそっくりだ。また政府にさし出す書類や、意見書などを見ても、その文章はどれもこれも卑屈をきわめている。やたらに政府をあがめ奉ること、まるで神様扱いで、みずから卑下《ひげ》することは、罪人に異ならない。役人も人民も同じ人類であるのに、同じ人間社会にあるまじき虚礼の文辞を連ねて、一向恥じる様子もない。そんな文章を読んで、書いた人間を想像すると、これがはたして正気の男かと疑われるばかりである。

しかし、もとより新聞を発行したり、政府に意見書などを出したりする人間は、大抵皆世間で洋学を修めた連中である。その個人について見れば、必ずしも遊女でもなければ、気違いでもない。相当の人物ばかりである。しかるに彼らの態度が、政府に対する時に限って軽薄卑屈をきわめるのはなぜかといえば、まだ世間に率先して人民の権利を主張する人物がいないからだ。そのため、学者までが官尊民卑の気風に支配され、その気風に感染して、国民たる本領を発揮できないのである。一言でいえば、日本にはただ政府が存在するばかりで、真の国民が存在しないといってもよかろう。さきに私が、「人民の気風を一変して、世の文明を進めるには、今の洋学者も当てにならぬ」と言ったのは、こういうわけである。

率先垂範のわが使命

これまで私の述べてきた議論が間違いでないならば、わが国の文明を進めて日本の独立を保つには、政府の力だけでは駄目である。今日の洋学者も当てにならない。これはどうしても不肖福沢諭吉らの使命である。まずみずから先に立って仕事に着手し、一般人民に模範を垂れなければならぬ。また、世の洋学者連のためにも先駆者となって、同志の人々の行くべき道を示さなければならぬ。

今われわれの身分を考えると、むろん学問識見ともに未熟ながら、洋学に志してから年久しく、日本においてはまず中流以上に位する。維新社会の改革も、われらが主に手をつけたか、または陰ながら手助けしたものだ。よしんば手助けする力はなくても、その改革はわれらの賛成するところだから、世人も必ずやわれらを認めて、社会の革新派と呼ぶであろう。すでに革新家と呼ばれ、しかも中流以上の学者だとすれば、世間にはわれらの態度を模範とする者もあるに違いない。しからば今、人に先立って事を始めるのは、まさしくわれらの任務といわねばならぬ。

すべて仕事をするには、ただ人に命令するより、理を説いて聞かせるにしくはない。ただ理を説いて聞かせるより、自ら実行して見せる方がさらに効果がある。ところが政府というものは、一片の命令をくだす力しか持っていない。これを人民に説いて聞かせ、さらにこれを実行して見せるのは、民間人の役目である。そこでわれら民間独立の地位に立つ者は、自由に学問技術を研究し、商業に従い、法律を論議し、著書を出版し、新聞を発行するなど、およそ国民たる身分に背《そむ》かぬかぎりは、政府の鼻息をうかがうことなく、着々実行すべきであろう。

もとよりわれらは堅く法律を守り、正しく事に当たるべきだが、万一政府が法を忠実に行なわず、人民に不当の被害を与えることがあったならば、自分の立場を曲げてはならない。あくまで堂々とこれを論じ、いわば政府にお灸《きゅう》をすえて、反省を促す気構えがなければならぬ。こうして官尊民卑の旧弊を一新し、人民の権利をとりもどすことが、現代最も緊急な問題であろう。

もちろん民間の事業は多方面にわたっている。これを行なう人間も、それぞれ得意の面が違うから、われら少数の学者の力で、全部が完全にできるわけはない。けれども私の目的は、なにも仕事の手際のいいところを見せようというのではない。世の人々に、民間独自の行き方を知らせようとするのが目的なのだ。口先で百回お説教するより、一回実行して見せる方がはるかに有力であろう。今まずみずから民間独立の行き方を示して、「世間の事業は、政府ばかりの任務ではない。学者は学者で民間において活動すべきだ。町人は町人で事業をせねばならぬ。政府も日本の政府ならば、人民も日本の人民である。しからば人民は、政府を恐れず、近づくべきであり、政府を疑わず、親しむべきだ」という独立自尊と官民一体の精神を知らしめたいのだ。そうすれば、人民も次第に行くべき道を悟り、官尊民卑の旧風もだんだん消滅して、はじめて真の日本国民らしい国民が出来あがるであろう。それでこそ国民は、政府の言いなりになる玩具《おもちゃ》ではなく、政府の有効な刺激剤となる。学術・経済・法律なども、自然と民衆自身のものになるであろう。これによって、国民の力と政府の力とがバランスを保ち、日本の独立が維持できるのである。

学者独立の急務

以上論じたところを要約すれば、今日、学者が日本の独立を促進するには、政府部内に入って、官僚の立場から仕事をするのと、政府から離れて、民間独自の立場に立ってやるのと、どちらが日本に有利かを考えて、私は民間に立つ方を支持したのである。すべて世の中の事柄は、くわしく突き詰めれば、利益のないものには必ず弊害があり、得るところがなければ必ず失うところがあるものだ。利害得失が丁度半分半分というようなもののある道理はない。われらはもとよりなんら下心があって、故意に民間事業の有利を主張するものではない。ただかねて考えていたことを、実例を挙げてここに論証したまでである。世間にもし別の確かな証拠を挙げて、私の議論に反対し、明白に民間事業の不利を述べる人があるならば、私は喜んでその説に服し、あえて天下の人を誤ることはせぬつもりである。

附　録

質問への回答

以上の意見を(某所で)発表したところ、(席上)二、三の質問者が出た。それに返答しておいたから、その問答を巻末に記しておこうと思う。

その一つの質問は、「事業をするには、やはり権力のある政府を利用するのが、なにより有効ではないか」というのである。それに対する私の返事はこうだ。文明を進めるには、政府の力に頼るだけでは駄目である。このことは、すでに本文中で弁じた通りで、分かりきったことだろう。その上、政府の事業は、過去数年経験を重ねてきたが、いっこう効果が挙がっていない。もちろん民間でも、はたして成功するかどうかは分からないが、理論上はっきりした見込みがあるならば、試してみなければならぬ。試してもみずに、はじめから成功の可能性に尻込《しりご》みするのは、勇気ある人間とはいえまい。

次に、第二の質問はこうである。「政府には人材が少ない。もしも有能な人物が抜け出してしまうと、政府の仕事が差しつかえるのではないか」というのだ。だが、決してそんなことはない。今の政府は、むしろ役人が多すぎて困るくらいだ。行政を簡素化して、人員を制限すれば、政府の仕事はかえって整頓《せいとん》し、余った人員は、民間の仕事に役立つに違いない。一石二鳥になるわけだ。無理に政府の仕事を増やして、せっかく有能な人間を採用しながら、無駄《むだ》な仕事をさせておくのは、つまらぬ話といわねばならない。しかも、これらの人物が政府を離れたからとて、外国に移住してしまうわけではなし、やはり日本に居て、日本の仕事をするのだから、なにも心配することはあるまい。

さらに第三の質問者はこう言う。「もしも政府以外に、民間人の勢力が強固になると、自然それが第二の政府のようになって、本来の政府の権力を侵すようになりはしまいか」と。そんな意見は、全くわからずやの愚論だと答えるほかはない。民間の人物も、政府の役人も、等しく日本人ではないか。ただその働く職場が違うにすぎない。実際は、互いに助け合って、全国の利益をはかるのだから、敵同士《かたき》ではなくて、純然たる協力関係にあるわけだ。万一にもこの民間人が、政府の法を犯すような所業があれば、政府は断固これを処罰すればよろしい。少しも恐れることはなかろう。

最後に第四の質問だが、「民間で独立の事業をしたいと思う人物があっても、役人をやめると、さしづめ生活に困るだろう」という心配である。いやしくも相当な人間が、そんな情ないことを口にすべきであろうか。かりにも自らひとかどの学者と名のって、天下の問題を論ずるほどの人間に、全然芸なしの無能力者があるはずはない。身につけた専門の能力で世を渡るくらいのことは、朝飯前ではないか。役人として政府の仕事を扱うのも、民間で独立の事業を経営するのも、その難易に相違のあろうわけはない。万一役人の方が仕事が楽で、収入も民間の事業より割がいいというならば、その収入は、本人の実際の働き以上の不当利得といわねばなるまい。不当な利得をむさぼるのは、紳士としてあるまじきことだ。なんの取柄もないくせに、偶然の幸いによって役人となり、いたずらに高給をむさぼって、贅沢《ぜいたく》の費用にあて、口先だけで天下国家を論ずるような手合いは、もとよりわれわれの知己とする資格はないのである。

五　編（明治七年一月）

前　書　き

四・五編の文体

『学問のすすめ』は、もともと社会読本、あるいは、小学校の教科書用に書いたものだから、初編より二編・三編まではなるべく俗語を使い、文章を読みやすくすることを旨《むね》とした。しかし四編になって少し文体を改め、むずかしい文字を用いたところもある。またこの五編も、明治七年一月一日に、慶応義塾同志の会合に演説したのを文章に記したものだから、その文体も四編と同様で、あるいは理解しにくいおそれがあるかも知れぬ。つまり四・五の両編は、知識人を対象にして論を立てたために、こういう結果になったものである。

大体世間の知識人たちは、概して腰抜けで意気地《いくじ》がないが、読書力は中々しっかりしていて、どんな難文でも困る者はないから、この二冊も、遠慮なく文章をむずかしくし、内容も自然と高尚になっている。そのため、もともと一般の社会読本であるはずの『学問のすすめ』の趣意を失って、初学の人にはたいへん申しわけない。しかし、六編以後はまた元の文体にもどり、つとめて理解しやすさを目的に、初学者の便利をはかって、再びむずかしくしないつもりである。読者諸君は、この二冊だけで本書全体の難易を測らぬよう希望する。

明治七年一月一日の詞（日本学徒の覚悟）

薄弱な日本の独立

われわれは今日、わが慶応義塾において明治七年一月一日を迎えることができた。この明治七年という年号は、日本独自の年号であり、この慶応義塾はわれわれ同志独自の塾である。この独立の塾で日本独自の新年を迎えることができるのは、これまた嬉《うれ》しいことではないか。しかし、現にこの独立を得て喜ばしいとすれば、万一独立を失うことは悲しむべきことにちがいない。それゆえ、今日この幸福の時期において、われわれは将来悲しむべき時期の到来するかも知れぬことを忘れてはならぬ。

古来日本は、歴史の変遷により、その政府はたびたび変わったが、今日に至るまで、一国の独立を失ったことはない。その理由は、国民が鎖国の状態に甘んじて、戦争にしても平和にしても、すべて外国と関係を持つことがなかったからである。外国に関係がなければ、平和も一国内だけの平和であり、戦乱も一国内だけの騒動にすぎなかった。またこうした治乱を経て保ち得た国家の独立も、全く国内だけの独立で、外国と勢力を争ってかち得たものではない。いわば家の中だけで育てられた子供が、まだ他人を知らぬようなものである。わが国の独立のひ弱《よわ》なことは明らかであろう。

今や外国との交際が急に開け、国内の事業はどれ一つとして外国に関係のないものはない。あらゆる物事を外国と比較して処置せねばならぬ状態となった。昔から日本人が自分たちの力でやっと達し得た文明の程度を、西洋諸国のそれに比べれば、はるかに及ばない。そればかりか、その真似《まね》をするさえ、何から手をつけていいか分からぬくらいである。ますます日本の独立のひ弱さを痛感せずにはいられない。

文明の精神が大切

そもそも一国の文明は、外観で計るべきものではない。たとえば学校とか、工業とか、陸軍とか、海軍とかいうのは、みな文明の外観である。この外観だけを作ることは、それほどむずかしいことではない。金さえあればできることである。しかしそのほかに、無形の大切な要素が一つある。それは目で見ることもできず、耳で聞くこともできない。また売買することも、貸借することもできぬ。けれども、あまねく国民の間に広がって、その作用は、はなはだ強いものである。もしそれが欠けていれば、前述の学校以下の諸要素も実際の役に立たぬくらいで、まさに文明の神髄《しんずい》ともいうべき重要不可欠な要素だ。それは何かと言えば、すなわち国民の独立心にほかならない。

近ごろ日本政府は、盛んに学校を建て、工業を奨励して、陸海軍の制度も近代化され、文明の形態はほぼ備わってきた。けれども、いまだに外国の勢力に対して日本の独立を守り、これと競争しようとする国民はいない。競争しないばかりか、たまたま外国の事情を知るべき機会に恵まれた者でさえ、詳しくそれを窮めぬうちから、まず相手を恐れるばかりである。相手に初めから恐怖心を抱けば、たとい自分に多少の取柄があっても、その能力を発揮することはできない。結局国民に独立心がなければ、文明の外観も全く無用の存在になってしまうのだ。

民心萎縮《いしゅく》の傾向

こうした日本人の無気力な原因を探ってみると、やはり数千百年来、全国の権力を政府が一手に握ってきたことにある。軍備・学問から産業・経済をはじめ、世間のいかなるつまらぬ仕事でも、政府が関係を持たぬものはなかった。民衆はただ政府の命令に従って奔走するばかりであった。まるで国家は政府の私有物で、人民は単に国の居候にすぎない。かくして国民は、宿無しの居候となり、かろうじて国に間借りするというような状態だったから、国家を見ることあたかも一時の旅館にすぎぬ観があった。自国の運命を切実に考えることもなければ、わが気力を発揮する機会もなくて、それが結局、国中の気風となってしまったのである。

それればかりか、現在はそれ以上に憂うべき事情がある。いったい世の中の事物は、進歩しなければ必ず後退し、後退しないものは必ず進歩する。進みも退きもせずに停滞するもののあるはずはない。そこで現在日本の状態を見ると、文明の外観は進歩したように見えるが、文明の精神たる民衆の気力は、むしろ日々退歩しているように思われる。そのわけは次のごとくである。

昔、足利・徳川の政府が民衆を支配した時は、もっぱら武力を用いたので、当時の民衆が政府に服従したのは、武力に支配されたにほかならない。武力で支配された者は、心から政府に服従するのではなく、ただ政府を恐れて服従の格好を示したまでのことなのだ。しかるに、明治の新政府はどうかというと、武力だけでなく、その才知もするどく、万事に抜け目がない。維新の後、まだ十年にもならないのに、学校や軍備を改革し、鉄道や電信も開設された。その他、石造建築を作り、鉄橋を架設するなど、その決断の素速さとその成功のすばらしさとは、全く人の耳目を驚かすばかりである。けれども、この学校や軍備の改革は政府の力であり、鉄道や電信も政府のおかげで出来たのである。石造建築や鉄橋もまたしかり。いったい国民は、これをどう感じているであろうか。彼らはこう言うであろう。「政府は単に武力があるだけでなく、知力をも兼ね備えている。われわれのとても及ぶところではない。政府は天上にあって国民を支配し、われわれは地上にいてこれに身をゆだねていればよいのだ。国家のことを心配するのは、政府の仕事で、われわれ人民の関知すべきことではない」と。

これを一言で言えば、昔の政府は武力だけを用い、今の政府は武力と知力とを併せ用いているのである。昔の政府は国民を支配する方法がまずく、今の政府ははるかにうまくなった。昔の政府は民衆の力をくじき、今の政府は民衆の心を奪っていると言えよう。昔の政府は民衆の肉体を征服し、今の政府は民衆の精神を支配している。昔の人の政府は民衆に鬼のように見られたが、今の政府は神のように見られている。昔の人民は政府をこわがり、今の人民は政府を拝んでいる。いつまでもこの調子でゆけば、政府が一つの事業を興《おこ》すごとに、文明の外観はだんだん備わってゆくだろうが、民衆の方は、それだけ一段と気力を失い、文明の精神は衰退するばかりであろう。現在政府には常備軍があって、国民は当然これを国家防衛の軍と認め、その盛んなありさまを喜び、日本の名誉とすべきである。しかるに、かえってこれを民衆威圧の手段として震え上がらせるばかりだ。現在政府の設けた学校・鉄道があって、国民はこれを文明進歩の証拠として誇ってしかるべきである。しかるに、かえってこれを政府の恩恵と考え、ますますお上《かみ》の恩恵に頼るばかりである。国民がかように自国の政府に恐れをなして、腫《は》れ物にさわるように思っていたのでは、どうして外国と競争して文明を争う余裕があろうか。国民に独立の気力がなければ、文明の外観だけが備わっても、単に無用の長物となるばかりか、かえって民衆を萎縮《いしゅく》させる結果となるだけであろう。

西洋文明の由来

右のように考えると、一国の文明というものは、上流の政府から起こってくるものでもなければ、下層の庶民から起こってくるものでもない。必ずその中間層から起こって、その人々が民衆を指導し、政府と並ぶほどの力を持って、はじめて文明の進歩が期待できるのである。西洋諸国の歴史を考えると、商業も工業も、どれひとつとして政府の創造によるものはない。その根本は、みな中流階級の学者たちの工夫から生まれたものだ。蒸気機関はワットの発明だし、鉄道はスティブンソンの工夫である。

はじめて経済の原理を論じて、産業経済の方法を一変せしめたのはアダム・スミスの業績である。これらの大家たちは、すなわち中流階級といわれる人々で、大臣でもなければ、また労働者でもない。まさしく国民の中等程度の身分であり、その学識によって社会を指導した人々である。その研究や発明が一人の学者の知力で完成すると、それを普及し実用化するためには、民間に会社を組織し、次第にその規模を拡張して、全国民の幸福を後世に残したのである。

この場合政府の義務は、ただ民間の活動を妨げず、自由に活動せしめ、人心の赴くところを察して、これを保護するに過ぎない。だから、文明の事業を実行するのは民間人であり、その文明を保護育成するのが政府である。そこで一国の民衆は、さながら自国の文明を私有したようなものだ。互いに競争して、他の美を羨《うらや》み、わが長を誇り、もしも自国で優れた発明研究が成功すれば、全国民が拍手して喜び合う。ひたすら他国に先手を打たれることを恐れるばかりである。だからこそ、文明の諸現象はすべて国民の精神力を旺盛《おうせい》にする源泉となり、一事一物も国家の真の独立を助ける力とならぬものはない。そうした外国の事情は、まさしくわが日本の状態と正反対と言わざるをえない。

わが学者の無自覚

現在の日本において、かの中流の地位に居て、文明を指導し、国家の独立を維持できるのは、ただひとり学者階級だけであろう。けれども、この学者なるものも、やはりこの大切な時勢に対する反省が足らぬのか、国家を憂える心がわが身を愛するほど切実でないのであろう。あるいは世間一般の気風に染まり、ひたすら政府に頼って仕事をすべきものと思っているのでもあろう。大概の者が、民間人たることに満足しようとはしない。民間に見向きもせず、役人となり、つまらぬ事務に追い回されて身心をすり減らしている。全く馬鹿《ばか》げた話だが、自分ではその境遇に甘んじ、世間もこれを当然として怪しまない。それどころか、優秀な人材は漏《も》れなく登用されたとして、政府の処置を喜ぶ者さえないではない。もちろんこれも官尊民卑の風潮の結果で、学者個人の罪ではないが、日本の文明のためには一大不幸というべきだ。自ら国の文明を創造発展させねばならぬ責任ある学者たちが、独立の気概を日々に喪失して行くのを傍観して、世にこれを憂慮する者もいないのは、実に嘆かわしい、悲しむべきことではなかろうか。

慶応義塾の使命

ただ、わが慶応義塾の同志だけは、この憂慮すべき事態を免れ得て、多年独立の面目を全うしている。われわれは、この民間独立の塾にあって、独立の精神を養い、その目ざすところは、わが国民全体の独立心を確立する一事にある。とはいえ、官尊民卑の精神が世を風靡《ふうび》する勢いは、あたかも急流や大風のごときものである。この激しい勢いに逆らって、毅然《きぜん》として動かされぬことは容易なわざではない。非常な勇気がなければ、知らず知らずに圧倒されて、ともすれば自己の足をすくわれてしまうおそれがある。

いったい人間の勇気は、ただ読書だけで生まれるものではない。読書は学問の手段であり、学問は実行の手段である。実地を踏んで経験を積むのでなければ、決して勇気が生まれるわけはない。わが慶応義塾の同志で、すでに学問を一応身につけた者は、貧苦にも堪え、艱難《かんなん》をも恐れず、その身につけた知識を文明の事業に応用しなければならぬ。その種類は数えるにいとまがない。商売にも努力しなければならぬ。法律にも論議を尽くさねばならぬ。工業も起こさなければならぬ。農業も奨励しなければならぬ。著作や翻訳や新聞の発行はもとより、およそ文明に関する事業は、すべて自分の使命として、国民の先導者となり、政府と協力すべきである。政府の力と民間の力とが平均してこそ、国全体の力も充実する。やがては薄弱な日本の独立は変じて、確固たる基礎の上に立ち、外国と競争しても少しも劣ることなきに至るであろう。

かくて今より数十年後の新年に、(われわれやわれわれの子孫が)明治七年の今月今日を回想した場合、今日のこの状態を過去の栄光ある思い出として懐かしむのではなく、なんと明治初年は貧弱な日本だったかと憐《あわ》れむほどの強固な独立状態にしたいものだ。それこそ愉快きわまることではないか。諸君はこの際、是非その国家独立の方向を目ざして、一大決心をするところがなければならぬ。

六　編（明治七年二月）

国法の貴きを論ず（順法精神の必要）

政府は国民の代理

政府は、国民の代理人である。だから、国民の期待に添うように、政治をすべきものである。その役目は、罪を犯した人間を捕えてこれを罰し、罪のない人民を保護する以外にはない。これが国民の政府に期待するところである。この目的を果たせば、国内の安全が保たれるであろう。

元来罪を犯す人間は悪人であり、罪のない人間は良民である。今悪人が現われて、良民に危害を加えようとする場合、良民自らこれを防ぎ、また両親・妻子を殺そうとする犯人に対しては、良民自ら犯人を殺し、わが家の財物を盗もうとする者があれば、これを捕えてなぐりつけてもいいわけだ。だが、国民ひとりびとりの力で大勢の悪人を相手に、自己を防衛しようとしても、とてもできることではない。仮にその手段を講ずるとしても、たいそうな失費で、無駄《むだ》が大きい。そこで、はじめに言ったように、国民は自分たちの代理人として政府を設けて、これに良民保護の役目を任せる。その代わりに、役人の給料はもちろん、政府の諸費用も全部国民が負担することを政府と約束したわけである。そこで政府は、いったん国民の代理人として政治の権利を任された以上、政府の行為は、とりも直さず国民自身の行為というべきだ。だから国民たる者は、必ず政府の法を守らなければならぬ。これもまた国民と政府との間に取り交わした約束になる。

そこで、国民が政府に従うのは、政府の作った法に従うというより、むしろ自分の作った法に従うといってよかろう。だから、もし国民が法を破るならば、それは政府の作った法を破るのではなくて、自分で作った法を自分で破るものである。政府の法を破って刑罰を受けるのは、政府から罰せられるのではなくて、自分で決めた法によって、自分が罰せられるのである。この事情をたとえていえば、国民は一人で二役を勤めるようなものであろう。つまり一つの役目は、自分の代理人として政府を設け、国中の悪人を取り押えて、善人を保護することである。もう一つの役目は、政府との約束をよく守り、その法に従って、政府の保護を受けることである。

私刑は厳禁

右に述べたように、国民は、政府と約束を結んで、政治の権力を政府に任せたのだから、少しでもこの約束を破って法に背くことがあってはならない。人を殺した者をつかまえて死刑に処するのは政府の権能である。泥坊《どろぼう》をしばって牢《ろう》に入れるのも政府の権能である。裁判を取り扱うのも政府の権能であり、暴行や喧嘩《けんか》を取り押えるのも政府の権能だ。これらの事に、一般国民は勝手に手出しをしてはならぬ。もしも考え違いして、勝手に罪人を殺したり、泥坊をつかまえてぶんなぐったりすれば、それは国法を犯して、勝手に他人の罪を裁いたことになる。それは私刑〔リンチ〕というもので、許すべからざる罪悪である。この私刑の一事に至っては、文明諸国の法律は、はなはだ厳しく禁じている。威令厳にして、無法を許さずというわけだ。ところがわが日本では、一見政府の威光や権力がはなはだ強いようだが、人民はただ政府の貴いのを恐れるばかりで、肝心の法の貴いことを知らぬ者が多い。そこで今、私刑のよくない理由と、国法の貴い事情とを次に説明しよう。

たとえば、わが家に強盗が押しこんで来て、家族を脅《おど》かし、金を取ろうとしたとする。この場合、その家の主人たる者の処置は、この事を政府〔警察〕に訴えて、政府の処分を待つのが至当だけれども、咄嗟《とっさ》のことで、訴え出るひまがない。そうこうするうち、強盗はすでに蔵の中に入って、金を持ち出そうとする。これを制止しようとすれば、主人の命も危ない。そこでやむを得ず、家族が一つになって、自分たちだけで危険を防ぎ、応急の手段でこの強盗をつかまえてから、政府に訴え出ることになる。この強盗をつかまえる方法は、時に棒を用いることもあろうし、刃物を用いることもあろう。時には賊の身体《からだ》に傷を負わすこともあろうし、足をぶち折ることもあるだろう。いよいよとなれば、鉄砲でうち殺すこともあるかも知れない。だがそれも、主人たる者が自分の生命を守り、自分の家財を守るための臨機の処置を出ないのだ。決して賊の無礼をとがめて、その罪を処罰するのが目的ではない。なんとなれば、罪人を罰するのは、あくまで政府だけの権能で、われわれ人民の役目ではないからだ。だから、われわれの力で強盗をつかまえ、身動きできぬようにした以上は、一般人民の身分として、勝手にこれを殺したりなぐったりしてはならぬ。それどころか、指一本も賊の身体に触れてはならぬ。ただ政府に訴えて、その裁判を待つばかりだ。もしも賊をつかまえた上で、腹立ちまぎれに殺したりなぐったりすれば、その罪は、無罪の人を殺したりなぐったりしたのと変わらないのだ。

たとえば、ある国の法律で、「十円の金を盗んだ者は、その刑罰として百回むち打たれ、また足で人の顔を蹴《け》った者も、同じく百回むち打たれる」という規定があるとする。今、ここに泥坊が人の家に押し入り、十円の金を盗んで出ようとするところを、主人につかまって、いったん縛《しば》られた上、その主人が腹立ちまぎれに、足で泥坊の顔を蹴ったとしよう。それをその国の法律に照らして論ずるならば、泥坊は十円盗んだ罪で百回むち打たれるが、主人も人民の分際で勝手に泥坊の罪を裁いた咎《とが》で、百回むち打たれなければならぬ。国法の厳重なことはまさにこの通りだ。国民はあくまで法を恐れなければならない。

敵討《かたきう》ちは蛮行

以上の道理から考えれば、敵討ちのよくないことも納得できるであろう。われわれの親が殺された場合、その下手人《げしゅにん》は、とりも直さず、その国で殺人罪を犯した国家全体の罪人である。この罪人をつかまえて刑に処するのは、政府だけに許された職権で、一般人民が手をつけられることではない。しかるに、いかに被害者の子だからとて、政府のお株を奪って、勝手にこの国家の罪人を殺す権利があろうか。僭越《せんえつ》の振舞いというだけでなく、国民たる本分を誤り、政府との約束に背くものといわなければならぬ。もしこの事について、政府の処置が不公平で、罪人にひいきするようなことがあれば、その不都合な事情を政府に訴えればよい。いかなる事情があっても、決して自分で手出しをしてはならぬ。たとい親の敵が目の前を歩いていても、勝手にこれを殺していい道理はないのだ。

赤穂不義士論

昔、徳川幕府の時代に、浅野家の家来が、主人の敵討ちと称して、吉良上野介《きらこうずけのすけ》を殺したことがある。世間でこれを赤穂の義士と呼んでいるが、飛んだ間違いではないか。この時日本の政府は、徳川幕府である。浅野内匠頭《あさのたくみのかみ》も、吉良上野介も、浅野家の家来も、皆日本の国民で、政府の法に従い、その保護を受けようと約束したものである。しかるに一時の行き違いで、上野介が内匠頭に無礼を加えた。その際内匠頭は、これを政府に訴えようとせず、腹立ちまぎれに勝手に上野介を殺そうとして、ついに両方の喧嘩《けんか》となった。そこで徳川幕府の裁判で、内匠頭には切腹を命じ、上野介の罪は問われなかった。この一件は、まことに不公平な裁判に相違ない。そこで浅野家の家来どもが、もしこの裁判を不公平と思うならば、なぜ幕府に訴え出なかったのであろうか。四十七士の人々が、みな申し合わせて、正当な機関を通して、法に従って幕府に訴え出たならばどうだったろう。もとよりわけのわからぬ幕府のことだから、最初はその訴えを取り上げず、かえって訴えた人間をつかまえて処刑したかも知れぬ。しかし、たとい一人が殺されても、これを恐れず、また代わりの一人が訴え出るという風に、殺されては訴え、訴えては殺されるというように、四十七人の家来が、全部命をなくすまで、堂々と道理を訴え続けたならばどうだろう。どんなわけのわからぬ幕府でも、しまいには必ずその道理に負けて、上野介にも刑を加えて、正しい判決を下すことになったであろう。かくてこそ、はじめて真の義士とも称すべきである。しかるに、少しもこの理をわきまえず、国民たる身分でありながら、国法の重きを顧みず、勝手に上野介を殺したのは、国民の本分を誤り、政府の権能を無視して、自分勝手に人の罪を裁判したものといわねばならぬ。

幸い、時の幕府がこの暴行者どもを刑に処したから、無事に済んだけれども、もし四十七士を生かしておいたならば、吉良家の一族は、また敵討ちと称して、浅野の家来を殺しにかかるに違いない。そうなると、浅野の家来の一族が、またもや敵討ちといって、吉良の一族を襲うであろう。敵討ちと敵討ちとのいたちごっこで、際限もあるまい。ついに両方の一族友人が死に絶えるまでは、納まりがつかないわけだ。これではまるで無政無法の世の中といわなければならぬ。私刑が国家の安寧を傷つけることはかくの通りである。国民たるものは、よくよくこの事を考えなければならない。

切り捨て御免の不法

昔は、日本で、百姓や町人連中が、武士階級の者に無礼を働くと、切り捨ててもよいという掟《おきて》があった。これは、政府から公然と武士に対して私刑を許したもので、不都合千万なことではないか。一体全体、国の法律というものは、ただ一つの政府だけが施行すべきものだ。法律を出す機関が多ければ多いだけ、時の政府の力は弱体化する道理である。たとえば封建時代に、三百大名が、各藩ごとに独立に刑罰の権力を握っていた時は、中央の幕府の命令は、それに比例して弱かったわけである。

暗殺の非

私刑が最も極端で、政治を害することの最もはなはだしいのは、暗殺である。昔から暗殺の行なわれた事情を見ると、時には個人的な恨みによる者もあれば、金銭を奪いたいためにやるやつもある。この種の暗殺を企てる者は、もちろん罪を犯すことは覚悟の上なので、本人も罪人のつもりでやるのだが、ほかにまた別個の暗殺のケースがある。その種の暗殺は、個人的な恨みや、金欲しさにやるのではない。いわゆる政治上のライバルを憎んで、これを殺すものだ。すなわち政治の方針について、相手と見解を異にした者が、自分の一了見で相手の罪を判断し、政府のなすべき権能を無視して、勝手に人を殺すのである。しかもこれを恥じるどころか、かえって得意になって、相手に天誅《てんちゅう》を加えたなどと、みずから触れまわす。世間にも、こういう男を尊敬して、愛国の志士などとほめる者も出てくる。

しかし、一体天誅とはどんな意味か。天に代わって、悪人に処罰を加えるという了見なのであろう。もしそのつもりならば、まず自分の身の程を反省してみなければならぬ。もともとわれわれはこの国に住んで、政府に対してどういう約束をしたのであるか。必ず国の法を守って、政府からわが身の保護を受けようと約束したに違いなかろう。もし国の政治に気に入らぬことがあり、または国を害する人間がいると思ったならば、穏やかにこれを政府に訴えればいいはずではないか。しかるに政府を無視して、自分が天に代わって人を処刑するなどとは、お門違いもはなはだしい。つまりこうした連中は、根は正直なのだが、ものの道理がわからず、国事を心配することは知っていても、国事を心配する方法をわきまえぬものなのだ。かりに考えてもみるがい。天下古今の実例を見ても、暗殺によって物事が成功し、社会の幸福を増したためしは、まだ一度も聞いたことがなかろう。

国法の貴重さ

国法の貴いことを知らぬ人間は、ただ政府の役人を恐れて、役人の手前を体《てい》よくつくろうだけだ。表向き犯罪の名がつかなければ、内密に悪い事をしても、恥ずかしいと思わない。恥ずかしいと思わぬばかりか、上手に法網をくぐって、罪をのがれる者があれば、かえって働き者だといって、人気が増すことさえある。今日世間の人がよく話すのを聞いていると、「これも政府の法律、それも政府の表向きの規則だが、この事を計《はか》らうには、こういう内面工作をすれば、表向きの法律に触れることはない。これは公然の秘密ですよ」などと笑いながら話をして、だれも不思議とする者もない。ひどいのになると、下っぱ役人としめし合わせて、この内面工作をして、互いにうまい汁を吸い合って、いっこう罪にもならぬ様子である。それというのも、政府の法律があまり煩雑すぎて、世間の実情に合わないために、こうした内面工作も行なわれるのであろうが、一国の政治の上から見ると、最も恐ろしい弊害である。

かように国法を軽視する気風が習慣となると、人民一般に不正直の気分がみなぎって、守るのが便利な法律まで守らなくなり、ついには刑罰に処せられる結果にもなる。たとえば今日、往来で小便するのは、政府で禁じたことである。ところが人民は、だれもこの禁令の大事なことは考えず、ただ警官に見つかるのを用心するにすぎない。

時に夕方など、警官のいないすきを見て、ひそかにその禁令を破ろうとして、偶然見つけられると、一応恐れ入ってその罪を認めるけれども、腹の中では、大事な法を破ったために罰をくったのだとは思わない。ただ恐ろしい警官にぶつかったのが、その日の不運とあきらめるだけである。実に嘆かわしいことではないか。

だから政府が法律を作るのは、できるだけ簡単なのがよろしい。しかしいったんそれを決めて、法律とした以上は、政府は必ず厳重にその目的を貫くようにしなければならぬ。また人民は、もしも政府の決めた法律を不都合と思ったら、遠慮なくそのことを論じて、政府に訴えるべきである。ひとたびその法を認めて、その支配を受けている間は、自分勝手に法を取捨することなく、謹んでそれに従わなければならぬ。

慶応義塾の実例

最近の一例をいえば、先月わが慶応義塾にも、一つの事件があった。というのは、華族の太田資美《すけよし》君*が、一昨年から自分の私財を出して、米国人を雇い入れ、これを慶応義塾の教員として提供してくれていた。ところが、今回その交代の期限が来たので、別の米人を雇い入れようということになった。そこで本人との内約はすでに整ったので、太田氏から東京府へ願書を出し、この米人を義塾に雇って、文学および科学の教師にしたい、ということを願い出た。しかるに文部省の規則によると、「たとい個人が私財をもって私立学校の教師を雇い入れ、民間で教授する場合でも、その教師が本国でその学科を卒業した免状を取って所持していなければ、雇い入れることはできない」という条文がある。ところが、今回雇い入れようとする米国人は、その学科の免状を持っていない。単に語学の教師としてならいいけれども、文学や科学の教師としては、願い出を聞き届けることはできないと、東京府から太田氏に通告して来た。

そこで今度は福沢諭吉の名義で、再び東京府に願書を出して、「この教師は免状こそ持たないが、その学力はわが塾の生徒を教えるに十分であるから、なにとぞ太田氏の出願通りにお許し願いたい。あるいは語学教師の名義にすれば、出願を許可されるかも知れないが、もとよりわが塾の生徒は、文学・科学を教わりたいのだから、語学の教師と偽って、政府をごまかすことはしたくないのであります」と申し立てた。けれども、やはり文部省の規則は変えるわけにゆかぬという返答で、諭吉名義の願書も、却下になってしまった。そのために、みすみす内約のできていた教師を雇い入れられず、去年の十二月下旬に、本人は結局米国に帰ってしまい、太田君のかねての厚意も、全く水の泡《あわ》となって、数百人の塾生もがっかりしてしまった。こんな杓子定規《しゃくしじょうぎ》な取り扱いは、実に一私立学校のために不幸なばかりか、天下の学問のためにも大きな支障ではないか。実に馬鹿馬鹿《ばかばか》しく、不愉快なことだけれども、国法の大事なことは、いまさらこれを動かすわけにはゆかない。そこで、いずれ近日またこの件について、もう一度願い出てみたいと思っている次第である。

実は今回の一件については、太田氏はじめ義塾の連中が集まって、内相談をした時に、「文部省で決めた私立学校教師の規則というものも、どうせ形式的な法律なのだから、ただ文学・科学教師の字だけ消して、語学教師という字に改めて書類を提出したら、願いも聞き届けられ、生徒のために好都合ではないか」という話も出たのだ。けれども、結論としては、「たとい今回教師が雇い入れられぬため、塾生の学力が低下しても、やむを得ない。政府をごまかすのは紳士の行為として恥ずべきことだから、やはり穏やかに規則に従い、国民の本分に背かぬがよかろう」ということに決まって、ついに前述の結果に落ち着いたのである。これはもちろん一私立学校の出来事で、小さな事件にすぎないようだが、この問題で真剣に議論し合ったわれわれの精神は、社会の教訓にもなると思うので、ついでながら最後に記しておく。

太田資美　もと遠江《とおとうみ》の国(静岡県)掛川藩主。明治四年慶応義塾に入学し、塾のパトロンともなった。

七　編（明治七年三月）

国民の職分を論ず（義に殉ぜよ）

国民は一人二役

第六編に、国法の大切なことを論じて、「国民たる者は、一人で二役を勤めるものだ」ということを言っておいたが、今、さらにこの役割について、もう少し詳しく説明して、六編の補いとしよう。

およそ国民たる者は、一つの身体《からだ》で二つの役目がある。すなわちその一つは、政府の支配を受ける一人民という角度から見たものである。この場合は、いわば国家の寄宿人という意味に考えてよろしい。もう一つは、国中の人民が全体で相談して、一国と称する団体を作り、自分たちでその団体の規則を設けて、これを実行に移すことである。この立場からすれば、国民はおのおのその国の主人公だと考えられる。たとえば、百人の商人が集まって、ある会社を組織し、皆が相談の上、会社の規則を定め、これを実行に移すと仮定しよう。その場合、百人の人は皆その会社の主人公の資格を有する。しかし、いったん規則が決まって、会社の全員この規則に従い、これに背《そむ》いてはならぬ、という点から見れば、百人の人は皆その会社の雇い人のような格好になる。つまり一国もこの会社と同様で、人民は会社の一員のようなものだ。身体は一つでも、支配する者と支配される側《がわ》と、二つの役目を同時に勤めなければならぬわけである。

被治者としての国民

そこでまず、国民が国家の支配下に屈するという立場からいえば、国民はあくまで国法を尊重して、しかも人間平等の精神を忘れてはならない。他人が押しかけて来て、自分の権利を侵すのを欲しない以上は、自分も他人の権利を妨げてはならぬ。自分にとって楽しい事は、他人にとっても楽しいのだから、他人の楽しみを奪って、自分の楽しみをふやしてはならない。他人の物を盗んで、自分の物にしてもならぬ。人を殺してもいけないし、他人のことを悪《あ》しざまに告げ口するのもよくない。厳重に国法を守って、万人平等の大精神に従うことが大切である。また、国の政治の性質上定まった法律は、たといつまらぬものでも、あるいは不便なものでも、勝手にこれを破ることはできない。たとえば、戦争を始めたり、外国と条約を結んだりするのは、政府だけの権能である。この権能は、もともと約束によって、人民から政府に与えたものだから、政府の役目に関係ない一般国民は、決してそういう問題に口ばしを入れてはならぬ。人民がもしこの精神を忘れて、政府の処置が気に入らぬからとて、勝手な議論をして、条約を破ろうとしたり、戦争を始めようとしたり、ひとり先走って、抜身《ぬきみ》の刀をひっさげて駆け出すなどの乱暴を働くならば、一国の政治は、一日も維持できるものではなかろう。

たとえていえば、百人の会社で、かねて人々相談の上、そのうち十人を選んで、会社の支配人と決めたとする。しかるにその支配人のやり方につき、残りの九十人が、自分らの気に入らぬからとて、てんでに商売上の事に口ばしを入れたらどうなるか。支配人が酒を売ろうというのに、九十人が牡丹餅《ぼたもち》を仕込もうとして、議論百出し、おまけにその一人が、独断で勝手に牡丹餅の商売をはじめ、または会社の規則を無視して、他の連中と喧嘩《けんか》でもすることになれば、会社の商売は、一日も立ちゆくはずはない。その結果、会社が破産したら、その損失は、会社の百人が一様にかぶらなければなるまい。全く馬鹿《ばか》な話ではないか。

だから国法は、かりに不都合でも不便でも、その不都合や不便を理由に、これを破ることは許されないのである。もし実際上、どうしても不都合・不便があるならば、一国の支配人たる政府に説き勧めて、円満な手段で、その法律を改めさせるのがよろしい。政府がもし自分の説に従わぬ時は、できるだけの努力を重ねるとともに、隠忍自重して、時機を待つことが肝要である。

国の主人としての国民

第二に、国民が一国の主人だという側面から論ずると、その国の人民自体が政府そのものだともいえる。なんとなれば、一国中の人民全部が政治を行なうわけにはゆかないから、政府という機関を作って、これに政治を任せ、人民の代理としてその仕事に当たらせることを約束したものだからである。してみれば、人民の方が本家であり、主人であって、政府は代理人であり、支配人という関係だ。

たとえば、会社百人の中から選ばれた十人の支配人が政府で、残り九十人が国民に当たるわけである。この九十人は、直接会社の仕事に携わらないけれども、自分たちの代理として十人の者に仕事を任せたのだから、もとの身分を洗ってみれば、自分たちこそ会社の主人公だといわねばならぬ。また十人の支配人は、現在その事務の責任者ではあるが、元来一同の依頼を受けて、彼らの希望に添うよう仕事することを約束したのだから、その実は、自分一個の事業ではなくて、あくまで会社全体の公の仕事をするものである。今世間で、政府に関係のある仕事を公務とか、公用とかいうのも、その言葉のもとはといえば、政府の仕事は、役人個人の事業ではなくて、国民の代理となって、国家全体を経営する公共の仕事だという意味にほかならない。

政府の責任

以上のわけだから、政府は、人民の委任を受け、人民との約束に従って、貴賤上下の別なく、彼らの権利を満足させなければならぬ責任がある。すなわち正しい法律に基づいて、刑罰を厳重にし、少しでも不公平な曲がった事をしてはならぬ。今ここに集団強盗が現われて、ある人の家に押し入ったとする。その時、政府がこれを見ながら、制止することができなかったら、その無責任な政府は、盗賊の仲間と同罪だといってよろしい。かように、政府がもしも国法の精神を果たすことができず、人民に損害を与えるようなことがあれば、その被害額の多少にかかわらず、またその出来事の新旧を問わず、政府は必ずこれを弁償しなければならない。

ところが、たとえば政府の役人の不注意で、自国民、または外国人に損害を与え、三万円の償金を払うとしよう。その場合、政府自身はもちろん金を持っていないから、そのその償金は結局国民の税金から賄《まかな》われるわけだ。この三万円の金を日本国中およそ三千万の人口に割り当ててみると、一人前十文ずつの失費に当たる。だから、役人がもし不注意を十ぺんくり返せば、国民の失費は百文となり、家内五人暮らしの家では、五百文の失費になる。田舎の小百姓で五百文の銭があれば、妻子が集まって、山家相当の御馳走を作って、一晩愉快に過ごせるはずだ。役人の不注意から、日本全国の罪もない庶民に何よりの楽しみを失わせるのは、実に気の毒千万ではないか。

国民として、こんな馬鹿な失費を負担する義務はないように思われる。だが、なんとしても、国民はもともと国の本家、主人公で、最初から政府にこの国を任せて、事務を執らせることを約束したのだから、国家の損得ともに、やはり主人公たる国民が引き受けねばならぬ。だから、ただ失費の場合だけ、役人の失態にかれこれ文句を言ってもはじまらない。国民たる者は、ふだんからよく注意して、政府のすることを監視し、不審な点があったら、懇切に忠告を与え、遠慮なく丁寧《ていねい》に論議を尽くすべきである。

国民納税の義務

人民はその国の主人公で、国を守るための費用を払うのはもちろんその義務だから、その費用を出すのに、決して不平の色を示してはならない。国を守るには、役人の給料も要るだろうし、海軍・陸軍の費用も要るであろう。裁判所の費用もかかるし、地方官にも俸給を払わなければならぬ。その金高を総計すれば、たいへんな失費のように思われる。だが、国民一人頭《ひとりあたま》に割りつけてみれば、いったいどれほどであろう。日本で政府の歳入の金高を全国の人口に割り当ててみると、一人頭にわずか一円か二円にしかつくまい。一年間にたった一、二円の金を払って、政府の保護を受け、泥坊や押し込み強盗の心配もなく、ひとり旅をしても山賊に襲われるおそれもなくて、安心してこの世を渡られるのは、大きな利益ではないか。

およそ世の中に、随分安上がりな取り引きがある中でも、わずかな税金を払って、政府の保護を買うくらい、格安な買い物はなかろう。世の中を見ると、家の普請に金を使う者もあれば、衣裳《いしょう》道楽や食《しょく》道楽にうき身をやつす者もある。もっと下がれば、酒や女に散財して、身代をつぶす者さえある。それらの莫大《ばくだい》な費用を、わずかな税金の高と比べてみれば、もとより比べ物にもなるまい。筋の通らぬ金ならば、一銭でも惜しむのが当然だが、道理上出すべき金で、しかもしごく格安なものを買う金であれば、考えるまでもなく、気持ちよく税金を出すのが当然ではないか。

暴政への対処法

右のように、人民も政府もおのおの責任を尽くして、互いに折り合いがとれている時は問題がない。だが、もしもそれに反して、政府が自分の権限を越えて、無法な政治を行なう場合があれば、人民の立場として、どうすればいいか。執るべき態度は、要するに三つしかない。第一には、わが志を曲げて政府の言うなりになるか、第二には、暴力をもって反抗するか、第三には、どこまでも正義を主張して、わが身を犠牲にするか、この三つしかないのである(以下この三つの立場の是非について述べることにしよう)。

無抵抗主義の弊

第一に、自分の志を曲げて、政府の言うなりになるのは、はなはだよろしくない。人間は神の命ずる正道に従うのが使命である。しかるにわが志を曲げて、政府が勝手に作った悪法に盲従するのは、人間の使命に反するものといわなければならぬ。その上、いったん志を曲げて、不正の法に盲従する癖がつくと、その習慣が後世子孫の代まで悪例となって、社会全体に悪習を広めるもとになるであろう。

現に日本でも、昔から愚民の上には乱暴な政府があって、政府がむやみに空《から》威張りすると、人民どもは怖気《おじけ》をふるうばかりであった。政府のすることがみすみす無理とは知りながら、事の正否をはっきりさせると、必ず政府の怒りに触れて、後日役人どもにどんな厭《いや》がらせをされるかも知れぬことを恐れて、言うべきことも言う者がなかった。その後日の恐れというのは、俗にいう「犬の糞《くそ》で敵《かたき》を取る」というやつである。人民はただこの役人の厭《いや》がらせがこわいばかりに、どんな無理でも、政府の命令には服従するものとばかり心得てきた。これが日本の社会全体の習慣になって、ついに今日のような意気地のない状態に陥ったのである。この日本の現状こそ、人民が志を曲げて政府に盲従した結果、災いを子孫に残した見本といわなければならない。

内乱の不合理

第二に、暴力をもって政府に対抗する場合であるが、これはもちろん一人では手が出せない。必ず集団の力でやらねばならぬ。これはとりも直さず、内乱だ。しかしこれまた決して適当な方法とはいえない。なんとなれば、いったん暴力闘争を起こして政府に反抗するとなれば、どちらに道理不道理・正不正があるかは二の次になって、どちらの武力が強いか弱いかだけが問題となる。ところが、古今の内乱の歴史を見ると、人民の武力は、いつも政府より弱いのが普通である(したがって、内乱の成功する率はきわめて少ない)。

また、(よしんば成功可能としても)、内乱を起こせば、これまでその国に行なわれていた政治組織を、一応根こそぎひっくり返してしまうことはもちろんだ。しかし、元の政府が、たといどんな悪政府だったにしても、その中に多少プラスの面がなければ、いやしくも政府の看板を掲《かか》げて、相当の年月政治をやってこられたわけはあるまい。そこで、一時の無鉄砲な内乱で、古い政府をぶち倒したとしても、結局、甲の乱暴政府に乙の乱暴政府が取って代わるだけだ。甲の愚政府が引っこんで、乙の愚政府が登場するにすぎぬ結果に終わるであろう。

その上、内乱の原因を尋ねてみると、支配者の非人道的な冷酷さを憤って起こしたものであろう。ところが、およそ人間社会に、内乱ぐらい非人道的な惨事はない。その結果は、世間の朋友《ほうゆう》関係が分裂するのはもとよりのこと、ひどい場合は、親子が殺し合い、兄弟が攻め合い、家を焼くやら、人を殺すやら、その残酷さは果てしを知らぬありさまである。かような恐怖状態がエスカレートして、人心はますます残忍に陥り、ほとんど畜生道に等しい暴行をあえてするに至る。それにもかかわらず、内乱を成功させた政府の連中は、自分たちが元の政府より善政を行ない、寛大な法律をしいて、天下の人心を平和に導くことができると信じているのであろうか。矛盾した了見といわなければなるまい。

マルチルドムの功徳《くどく》

第三の方法として、正義を主張してわが身を犠牲にするとはどういうことか。それは、神から命ぜられた道理を信じて疑わず、いかなる暴政のもとに、いかなる悪法に苦しめられても、その苦痛を忍んで、自己の信念を曲げぬことだ。そしていかなる武器をも携えず、片手の力すら用いず、ひたすら正義の論を主張して、政府に訴えることである。三つの立場のうち、この第三の立場だけが最上の策である。

道理を主張して政府に訴えるならば、現在その国に行なわれている政治や法律で、プラスの面は、そのために少しも損《そこ》なわれることがない(ここが第二の内乱よりもすぐれた点である)。そうして、たといその正論が、その時には容《い》れられなくても、道理の正しいことはその議論によって明白だから、自然の人情として、だれしもいつかはそれに従わざるを得なくなるであろう。もしその主張が、今年行なわれなければ、また翌年を期待すればよい(必ず成功する時機が到来するであろう)。且つ、暴力による抵抗は、一のプラスを得るために、百のマイナスを生ずるおそれがあるが、道理を掲げて政府に訴える場合は、ただ除くべきマイナスを除くだけで、余弊を併発する心配がない。その目的は、あくまで現政府の欠点を除くほか他意はないのだから、政府のやり方が改善されれば、自分の主張も当然解決するのである。

また暴力で政府に対抗すれば、政府は必ずムキになり、自分の悪事は棚《たな》に上げて、ますます暴威を振るい、無理を通そうとするであろう。それにひきかえ、穏やかに正義を主張する人民に対しては、いかに乱暴な政府でも、さすが役人も同じ国の人間である以上、正しい人間が道理を主張して、一身を犠牲にするのを見ては、必ず同情して、気の毒と思うのは当然だ。いったん同情心が起これば、政府も自然に非を悟り、気が折れて、必ず態度を改めるに違いない。

楠公権助論《なんこうごんすけろん》

かように社会のことを心配して、わが身を苦しめ、あるいは一命を犠牲にする行為を、西洋の語で「マルチルドム」〔martyrdom 正義の死〕と言っている。失うところはただ一人の命であるが、それによって得る功徳《くどく》は、内乱の戦で千万人の命を奪い、千万円の財貨を無駄《むだ》にするより、はるかに大きい。

昔から日本では、討ち死にをした英雄も多く、切腹した勇士も少なくない。これらは皆忠臣義士と呼ばれて、世間の人気ははなはだ高い。けれども、彼らが一命を捨てた原因を調べてみると、たいていは南北朝の皇統争いなどの戦争に関係した者〔楠木《くすのき》正成《まさしげ》など〕か、または主人の敵討ちなどで、潔《いさぎよ》く一命を捨てた者〔赤穂浪士など〕ばかりだ。その行為は、一見たいへん花やかだが、実際に彼らの死は、あまり社会の役には立っていない。自分の主人のためとか、主人に申しわけがないとかいって、ただ命さえ捨てれば偉いように思うのは、未開時代の常であるが、今日文明の精神から見ると、彼らはまだ命の捨て所を知らぬものといわなければならぬ。

元来文明とは何ぞや。人民大衆の知識人格を向上させ、人々が自主独立の精神をもって社会生活を営み、互いに他人を侵さず、他人からも侵されず、おのおの自分の権利を全うして、社会全体の幸福繁栄をもたらすことをいうのである。ところが、かの皇統争いの戦争にせよ、主人の敵討ちにせよ、それははたしてこの文明の大精神にかなうものであろうか。この戦争に勝って、この敵を滅ぼし、またはこの敵を討って、主人の面目を立てさえすれば、それだけ社会の文明が進歩し、経済も発展し、工業も盛んとなって、人民全般の幸福繁栄がもたらされるという目あてがあるのであろうか。その目あてがあるならば、討ち死にも結構、敵討ちも当然だが、もとよりその行為にそんな目的などあろうわけもない。またかの忠臣義士も、それほどの自覚があったのではあるまい。ただ偶然の主従関係で、主人への義理立てに死を選んだまでのことであろう。

主人への義理立てに命を捨てた者をすべて忠臣義士と言うならば、今でもそんな人間はざらにある。たとえば、主人の使いに出た下男が、預かっていた一円の金を落として、途方に暮れ、主人に申しわけがないと覚悟を決めて、並木の枝にふんどしを掛けて、首をくくるというような例は、世間に珍しくない。今、この忠実な下男が死を決した時の気持ちを推《お》して、その真情を察すれば、まことに気の毒千万ではないか。使いに出たまま、再び帰らず、ついに一命をなげうつに至る。長く天下後世の英雄をして、同情の涙に袖を潤《うる》おしむるに足りるものがあろう。主人に託されて、みずから責任を負うた大枚一円を失い、君臣の本分を果たすため一命を犠牲にするとは、古今の忠臣義士に少しも劣らぬ行為である。その至誠純忠は日月のごとく輝き、その功績は天地とともに残るべきものであろう。しかるに、世間の人間はいっこう不人情で、この下男の死を軽視し、碑文を作って功績をたたえる者もなければ、社殿を建てて祭る者もないのはなぜか。おそらく人は皆言うであろう、「下男の死はわずか一円のためで、その事件があまり小さすぎるではないか」と。

しかしながら、物事の値打ちは、金高の大小や、人数の多少で決まるものではない。

それが社会の文明を利するかどうかによって、価値の大小は決められるべきものである。要は、かの忠臣義士が一万人の敵を殺して討ち死にしたのも、この下男が一円の金をなくして首をくくったのも、その死が社会の文明に役立たぬ点では、全く同様で、その価値に上下はないであろう。結局、義士も下男も、ともに真の命の捨て所をわきまえぬものというべきだ。彼らの行為をもって西洋流の「マルチルドム」とはいえぬゆえんである。

私の知る限り、(わが日本で)人民の権利を主張し、正しい道理を掲げて政府に訴え、一命をなげうって最後を飾り、世界にも恥じぬ「マルチルドム」の実行者は、古来ただ一人佐倉宗五郎*があったばかりだろう。もっとも宗五郎の伝記は、世間に伝わる物語小説の類ばかりで、まだ詳しい正確な史実が分かっていない。もし分かったならば、将来その事跡を記して、その功績を表彰し、社会の模範にそなえたいと思う。

南北朝の皇統争いなどの戦争に関係した者　名は明記していないが、楠木正成などをさすことは疑いない。以下忠臣の討ち死にを権助《ごんすけ》(下男)の首くくりにたとえて嘲《あざけ》ったというので、世に楠公権助論と称し、福沢は当時、保守主義者からすこぶる非難をこうむった。

佐倉宗五郎　江戸初期下総《しもうさ》の国(千葉県)佐倉領の名主。本名木内惣五郎《そうごろう》。藩主堀田家の暴政

を村民に代わって将軍に直訴《じきそ》し、多くの人々の困窮を救ったが、直訴の咎《とが》によって家族もろとも極刑に処せられたと伝えられる。しかし、その事跡は伝説に彩られ、正確な史実は分からぬところが多い。

八　編（明治七年四月）

わが心をもつて他人の身を制すべからず
（男尊女卑と家父長専制との弊）

身心五種の働き

アメリカのウェーランドという人の著わした『修身論』という本に、「人の身心の自由」ということを論じたところがある。その議論の大体をいうと、人の一身は、他人とは別個に、完全な一つの独立体をなしたものだ。自分で自分を処置し、自分で自由にものを考え、自分でわが身を支配して、われ相応の仕事に努めるはずのものである。

詳しくいえば、第一に、人にはそれぞれ肉体があって、その肉体は、常に外物に接触し、その外物を利用して、自分の要求を満足させることができる。たとえば、種をまいて米を作り、綿を取って着物を作るなどは、すべて肉体の働きである。

第二に、人にはそれぞれ知恵の働きがあって、この知恵の働きは、物の道理を見きわめ、物事をするのに目的を誤らぬようにさせるものである。たとえば、米を作るのに肥料の方法を考え、木綿《もめん》を織るのに、機の工夫をするなどは、皆知恵や分別の働きである。

第三に、人にはそれぞれ感情や欲望があって、その力で、身心の活動を引き起こす。われわれはこの感情や欲望を満足させて、幸福をもたらすことができる。たとえば、人間として、よい着物やうまい食物を欲せぬ者はなかろう。しかしこの着物や食い物は、自然に天地の間に湧《わ》いてくるものではない。これを得るには、人間が活動を加えなければならぬ。そこで、この人間の活動は、大抵欲望が原動力となって、発揮されるのである。欲望がなければ、活動も起こるわけがない。活動がなければ、人生の安楽幸福もあり得ぬであろう。(欲望を絶つ修行をしている)禅坊主などには、活動もなければ、幸福もないといわねばなるまい。

第四に、人間にはそれぞれ本然の良心というものがある。この良心は、欲望を制限して、その欲望の方向を誤らしめず、またその限度を守らせるものである。たとえば、欲望には際限のないもので、よい着物、うまい食い物も、どこまでゆけば十分という満足の限界を決めるわけにゆかない。今もし自分の勤めを捨てておいて、欲望だけを追求するならば、他人を押し倒しても、自分の利益のみをはかるよりほかはない。これはもとより人間の正しい行ないとはいえまい。その際、欲望と道理とを秤《はかり》にかけて、欲望を捨てて、道理の外に脱線させぬのが、良心の働きである。

第五に、人間にはそれぞれ意志というものがある。意志は、物事をする決心をさせるものである。たとえば、世間の事は、すべて偶然のはずみで出来るものはない。よい事であれ、悪い事であれ、すべてそれをしようとする人間の意志があってこそ、はじめて出来るものなのである。

身心自由の権利

以上の五つの要素は、人間に欠くべからざる性質であって、われわれはこの性質の働きを自由自在に発揮することによって、一身の独立を完成できる。ところで、独立自主の人間などというと、全く世間づき合いもしない変わり者のように聞こえるかも知れないが、決してそんなわけではない。人間としてこの世に生きてゆく以上、頼りにすべき友達もなければならぬのはもちろんである。けれども、その友達もまた、ちょうどこちらが友達を頼りにするのと同程度に、こちらを頼りにしているわけだから、世間の交際は、五分五分の関係にほかならない。そこでわれわれが、自分の身心の働きを用いる場合、大切な心得は、神から定められた法則に従って、その守るべき限度を越えぬことである。その限度とは、自分の身心の働きを自由に発揮する半面、相手にも存分にそれを発揮させて、互いに妨げ合わぬことである。かように、人間としてこの限度を侵し合わずに世を渡るならば、世間の非難を招くこともなければ、神の罰をこうむることもなかろう。これが人間当然の権利である。

右のような事情で、人間たる者は、他人の権利を妨げぬ以上は、自由自在に自己の身体を用いてしかるべきものである。すなわち、行きたい所に行き、止まろうと思う所で止まり、あるいは働き、あるいは遊び、甲の仕事に努めるのも、乙の仕事に励むのも、自分の自由である。あるいは、夜昼かまわず勉強しようが、気が向かなければ、何もしないで一日中寝ていようが、いやしくも他人の利害に影響を与えぬ限りは、はたからかれこれと口出しされるいわれはない。

魂の入れかわり

今もしも、これまで言ったところと反対に、「人間は善《よ》し悪《あ》しにかかわらず、万事他人の心に支配されてゆくべきもので、自分の考えを立て通すのはよくない」という議論を出す者があったと仮定しよう。はたしてこの仮定が正しいかどうか。もしも正しいとするならば、それはおよそ人類の存在する世界にはどこにでも通用するはずである。

そこで、仮に一例をあげていうならば、天皇は将軍より一段と貴いのだから、天皇の意思で将軍の身体《からだ》を勝手に動かせることになる。将軍が「行きたい」と言うのに、天皇が「止まれ」と命令し、止まろうとするのを「行け」と指図することもできるわけだ。寝るも、起きるも、飲むも、食うも、一挙一動、将軍自身の意のままにはならない。その反面、将軍は配下の大名を支配して、自分の了見で大名の身体を自由自在に扱えるであろう。大名はまた、自分の考えで家老の身体を支配し、家老は自分の考えで用人の身体を支配し、用人は徒士《かち》を支配し、徒士は足軽を支配し、足軽は百姓を支配することにもなるであろう。

さて百姓となると、もはや自分以下の身分の者がないから、少し困るわけだが、元来この議論は、(身分の上下にかかわらず、)人間のあらゆる世界に通用するという前提から出発しているのだから、百万遍の数珠《じゅず》の玉同然、一回《ひとまわ》りすれば、またもとの所に返らざるを得ない。そこで今度は、百姓が、(天皇に目をつけて、)「百姓も人間ならば、天子さまも人間ではないか。なんの遠慮が要るものか」とばかり、失礼をも顧みず、百姓の了見で天皇の身体を勝手に支配できることになる。天皇が行幸なさろうとすれば、「お止まりなさい」と命令し、行幸さきに滞在なさろうとすれば、「はやばやお帰りなさい」と指令を発し、天皇の起居寝食、一切百姓の了見次第に行なわれることになる。そして、天皇相応の衣食もとりやめて、百姓同然の麦飯をさしあげるようなことになったら、どうだろう。もしそうなれば、日本国中の人間すべてが、自分で自分を支配する権利を失って、かえって他人の身体を支配する権利を持つことになる。人間の身体と精神とは全然バラバラになって、自分の身体は他人の魂を泊めた宿屋のようなものになるであろう。

(極端な比喩《ひゆ》をあえてすれば、)酒ぎらいな人間の身体に酒飲みの魂が乗り移り、子供の身体に老人の魂が入《はい》り込み、泥坊の魂が孔子さまの身体を借り、猟師の魂がお釈迦《しゃか》さまの身体に宿るというようなことにもなろう。そうなると、酒嫌《ぎら》いなはずの男が、酒を飲んで愉快をきわめれば、酒飲みが砂糖湯を飲んで舌鼓を打つだろうし、老人が木登りをして遊べば、子供は杖をついて若い者の世話を焼くに違いない。孔子が弟子をひきいて、盗みを働けば、お釈迦さまが鉄砲をかついで、殺生《せっしょう》をしに行くことにもなるであろう。奇妙奇天烈《きてれつ》、これをはたして天理人情にかなったことと言えようか、文明開化と言えようか。どんな小さな子供でも、そんな馬鹿な道理はないと答えるに違いない。

数千百年以来、和漢の学者連中が、いわゆる上下貴賤の名分《めいぶん》〔身分〕ということをやかましく主張したのも、実はこの、一人の人間の魂を別の人間の身体に嵌《は》めこもうとする魂胆にほかならぬであろう。彼らが(先祖代々)、この名分ということをやかましく説き立て、涙を流して熱心にお説教した甲斐《かい》あって、今日に及んでは、その効果ますます顕著である。勢力のある人間は、無力な人間の身体を支配し、強者は弱者の自由を奪うのが和漢一般の風習となった。そこで、学者連は得意の鼻をうごめかし、日本の八百万《やおよろず》の神さまも、周代の聖人賢人〔孔子・孟子など〕も、あの世でさぞかし御満足に違いない。今、この名分のもたらした御利益《ごりやく》の実例を、次に一つ二つお目にかけようと思う。

男尊女卑の悪習

(東洋では、)政府の力が強大で、下々の人民の自由を圧迫する事情は、すでにこれまでの論にも記したから、ここではそれは省いて、まず男女間の権利の問題について考えてみよう。そもそもこの世に生まれた者は、男も人間ならば、女も人間である。この世に必要な働きをする点からいえば、天下に一日も男がなければならぬし、女もなければ困る。その社会における役割の必要さは、全く変わらない。ただ相違するのは、男は強く、女は弱いことである。大の男が力ずくで女と争えば、必ず勝つにきまっている。そこから男女間の権力の相違が生まれてきたのだ。今この社会で、力ずくで他人の物を奪うか、または他人を恥ずかしめれば、罪人の汚名を受けて、刑罰されるであろう。しかるに一家内で、大びらに女性を恥ずかしめても、少しもこれをとがめる者がないのは、なぜだろうか、さっぱりわけがわからない。

『女大学』の妄説《もうせつ》

昔の『女大学』*という女性修身書には、「婦人に三従の道あり。幼き時は父母に従ひ、嫁いる時は夫に従ひ、老いては子に従ふべし」と教えてある。子供の時に父母に従うのは当然だが、結婚して後夫に従うとは、どういう風に従うのか、その従い方が問題であろう。『女大学』の本文によると、たとい亭主は酒を飲み、遊女に戯れ、妻を罵《ののし》り、子を叱《しか》って、道楽三昧《ざんまい》にふけっても、妻はひたすらこの亭主に従い、この道楽者を神のごとく敬い奉れ、と言う。（かりに夫に意見を言うにしても）顔色をやわらげ、やさしい言葉遣《づか》いで意見せねばならぬと教えてあるだけだ。それから先の処置については、少しも書いてない。そこで、この『女大学』の精神によれば、たとい道楽者でも、浮気《うわき》者でも、いったん自分の夫と決まった以上は、どんな恥ずかしめを受けても、これに服従しなければならぬ。ただわずかに、心にもない顔色を繕って、夫の不行状を諫《いさ》める権利があるだけだ。女房の意見に従うか否かは亭主の了見次第で、妻としては、道楽者の御亭主の了見を、天命と思ってあきらめるよりほかはないのである。仏教で、女は前世の罪の深いものといってあるが、まことにこの有様を見ると、女は生まれながら大罪を犯した咎人《とがにん》と変わりはない。

(日本では、かように男性の不品行に寛大なのに反し、)婦人の罪を問うことだけは馬鹿《ばか》に厳重である。『女大学』には、婦人の七去(妻を離婚しうる七条件)の一つとして、「淫乱なれば去る」(多情な女性は離縁してもよい)と、はっきりその処置を明記してある。男性のためには、全く都合のいい話で、あまりといえば、片手落ちな教えではないか。結局この教えは、男は強く、女は弱いところから、腕力を標準にして、男尊女卑の道徳秩序を規定したものであろう。

一夫多妻の蛮風

以上は、浮気な亭主または細君の話であるが、もう一つ大事なことに妾《めかけ》の問題がある。そもそもこの世に生まれる男女の数は、ほぼ同数と決まっている。西洋人の証明によると、男子の生まれる数は、女子よりも多く、男子二十二人に対して、女子は二十人の割合だという。さすれば、一人の男性が、二、三人の女性と結婚するのは、もちろん自然の道理に背くこと明らかであろう。鳥・獣の同類といってもよろしい。同じ父母から生まれたものを兄弟といい、父母兄弟ともにいっしょに暮らす所を家庭というのだ。しかるに、兄弟の者が、父は一人でありながら、母は別々であり、親父《おやじ》だけが中心の座を占めて、*大ぜいの母親がそのまわりに雑居しているなどという光景は、はたして人類の家庭といえようか。家という言葉の意味に矛盾するではないか。そんな家は、たとい建て物だけは堂々たる楼閣でも、善美を尽くした宮殿でも、私の目から見れば、畜生小屋も同然といわねばならぬ。妻と妾が一家内に雑居しながら、家内が円満にいったためしは、古今に聞いたことがない。

素性《すじょう》の卑しい妾といえども、一個の人格を備えた人間である。男性が、自分勝手な情欲のために、この弱い女性を、あたかも動物のように支配するとは何事であるか。一家の健全な秩序を乱し、子孫の教育にも悪い見本を示し、ひいては、社会の風教に悪影響を及ぼして、後世まで弊害を残すに至っては、まさに天下の罪人というべきであろう。

人によっては、こう言う者がある。「たとい妾を幾人置いても、舵《かじ》の取りようさえうまければ、家庭に風波を生ずるおそれはない」と。これは、男性自身の立場から言う言葉であるが、もしもそれが本当ならば、逆に一人の細君が、大ぜいの亭主を養ってもいいわけだ。仮にこれらの亭主を男妾《だんしょう》と称することにしよう。そして、どの亭主にも平等に家族中の第二等親《とうしん》*という身分を与えたならば、はたしてどうであろう。それでも家内がよく治まり、社会人倫の道に少しも弊害がないならば、私は余計なお説教をやめて、口を出さぬことにしよう(しかし、そんなことが不可能なのは、火を見るよりも明らかではないか)。天下の男性たる者は、よくよくわが身を反省してみるがよろしい。

また、こう主張する男もある。「妾をおくのは、子孫を残すためである。孟子の教えにも、「不孝に三あり。後なきを大なりとす」〔親不孝に三つの条件がある。中でも、子孫を作らないのは、親不孝の大なるものである〕と言ってある」と。しかし私はあえて言いたい。天理に背くことを言う人間は、たとい孟子だろうが、孔子だろうが、かまうことはない。それは天下の罪人だと言ってよろしい。妻をもらって、子が出来ないからとて、大不孝とは何たる言いぐさであるか。(妻に子がないから、子をもうけるために、妾をおくなどというのは、)言いのがれもはなはだしい。仮にも人間らしい気持ちを持った者ならば、だれが孟子のそんなたわ言《ごと》を信用できよう。

元来不孝というのは、子として、理に背いた事をしでかして、親に精神上・肉体上の苦労をかけることをいうのである。もちろん老人の気持ちとして、孫の生まれるのを希望するのは当然だが、孫の生まれるのが遅いからとて、その子が親不孝だなどと言えるだろうか。ためしに天下の父母たる者にたずねてみよう。伜《せがれ》によい縁があって、よい嫁を迎えたが、孫が生まれぬからとて、怒って嫁を叱《しか》り、息子《むすこ》をなぐり、あるいはこれを追い出すような気持ちを起こす親があるものかどうか。世界広しといえども、まさかそんな変わった親は聞いたこともなかろう。「子がないのは不孝だから、妾は養うべきものだ」などというのは、もとより根拠のない議論である。一々取りあげて論ずるまでもない。人々はわが胸に問うてみればわかるだろう。

二十四孝の矛盾

親に孝行するのは、もちろん子たるものの当然の勤めである。相手が老人ならば、たとい他処《よそ》の年寄りでも、大事にすべきである。まして自分の父母に対して親切を尽くすのは、分かりきったことだ。なにも欲得のためでもなければ、世間の評判をよくするためでもない。ただ自分を生んだ親だと思って、自然の人情から、これに孝行を尽くすのが、本当の孝行というものである。

ところが、昔から日本でも中国でも、人に孝行を教えた話がたくさんある。二十四孝をはじめとして、そのほかの書物も、数えきれぬくらいだ。だが、これらの本を見ると、十中八、九までは、人間に不可能なことを教えるか、愚にもつかぬおかしなことばかり書いてある。はなはだしきは、明らかに不合理な行為をほめあげて、孝行と言っている例さえないではない。

（二十四孝の中でも、）たとえば、（親のほしがる魚を捕るために、）*寒中にすっ裸になって、氷の上に寝て、氷の溶けるのを待つなどということは、人間としてできることではない。*また夏の夜に、（親を安眠させるため、）自分の身体に酒を吹っかけて、わざと蚊に食わせ、親に近づく蚊を防いだという馬鹿げた話がある。そんな酒を買う金があるなら、蚊帳《かや》を買って、親にあてがう方が、よっぽど知恵のあるやり方ではないか。そうかと思うと、*父母を養うだけの働きもなくて、貧乏のあげく、（口を減らすために、）わが子を生きながら穴に埋めようとした話もある。その残酷な了見は、鬼とも蛇《じゃ》とも、たとえようがない。天理人情に反すること、この上なしだ。前には、「不孝に三あり」と称して、子を生まないのすら大不孝などと言いながら、今度は、すでに生まれた子を穴に埋めて、子孫を絶やすのが孝行だとは、いったいどっちが本当の孝行なのか、さっぱりわけがわからない。前後矛盾した、不合理な話ではないか。

親の責任

結局これらの(儒教流の)孝道論は、親子という名義をやかましく詮索《せんさく》して、上下の身分をはっきりさせたいばっかりに、できもしない、無理なことを子供に強制する魂胆にほかならない。子に無理な孝行を押しつける根拠はどこにあるかというと、母の胎内にある時は、母体を苦しめてきた。生まれて後も、三年の長い間、父母の身辺を離れず世話になったのだから、その大恩ははかり知れぬというのである。しかしながら、子を生んで、子を養うのは、人類ばかりではない。鳥や獣だって、みな同様である。ただ人類の父母が鳥や獣と違うところは、衣食以外に、子に教育を授けて、社会の倫理を教える一事にあるのだ。しかるに、世間の親の中には、子供は生んでも、これを教育することを知らぬものが多い。自分は不しだら不品行の限りを尽くして、若い者にろくでもない手本を示す。家名を汚し、財産をすって、自ら貧乏になったくせに、年をとって元気が衰え、無一物になるや、これまでの道楽者が一変して頑固《がんこ》親父となり、(親の威光を笠《かさ》に着て、)わが子に孝行を強制するとは、いったいどういう了見だろうか。いかなる心臓で、こんな途方もない恥知らずが言えるのか。

父は子の収入を当てにし、姑《しゅうとめ》は嫁の心を苦しめ、父母の一存で、子供夫婦の自由を束縛する。父母の言いぶんは、無理でも御尤《もっと》もで通るが、子供の言いぶんは、(正しくても、)少しも通らない。ことに細君は、まるで餓鬼道に落ちたも同然で、立つもすわるも、寝るも食うも、一つとしてわが意のままにはならない。嫁が少しでも舅《しゅうと》や姑の機嫌《きげん》に逆らおうものなら、(若夫婦は)たちまち不孝者呼ばわりをされる。

世間の人もこれを見て、内心年寄りの方が無理とは思いながら、自分に関係があるわけではないから、年寄りの方に肩を持って、わけもなく、若夫婦を非難する。さもなければ、世間の裏をよく知っている連中の中には、「理非はともかく、親などは体《てい》よくだましておくに限る」と言って、若夫婦に親をだます秘訣《ひけつ》を伝授するやつもある。いったいこれが人間家族間の正しい生き方といえるだろうか。私は、前にも言ったことがあるが、「姑の心得は、手近なところにある。自分が嫁だった時代のことを考えてみるがよい」と言いたい(自分が若い嫁の時分、どんなに前の姑にいじめられたかを思い出してみるがよかろう)。

以上は、(儒教でやかましく言う)上下貴賤《きせん》の名分論から起こった弊害の例で、それが男女および親子の関係に現われた場合を語ったのである。しかし世間で、名分の弊害の行なわれる範囲はすこぶる広い。夫婦や親子の間だけでなく、あらゆる人間社会の中にしみこんでいる。それらの実例は、なおあとの編〔十一編〕に述べたいと思う。

『女大学』 江戸時代の代表的女子修身書。儒教思想により、女子に柔順の徳を教え、男尊女卑を公然と説く。ただし〝三従〟の事は『女大学』に出ていない。福沢の記憶違いであろう。(『女大学』の種本となった貝原益軒の『和俗童子訓』には出ている)。〝三従〟以外のことは『女大学』に見える。

大ぜいの母親がそのまわりに雑居して云々《うんぬん》 当時は内妾といって、妾が本妻同様、一家庭内に住む風習が珍しくなかった。この条はそれをさしている。

第二等親 等親は現代の親等に同じ。明治三年公布の法律、新律綱領では、妻妾とも正式の配偶者と認められ、二等親に列し、妾は妻と同じ権利が与えられた(ただし世の非難が多かったため、明治十三年以後廃止された)。

寒中にすっ裸になって云々 晋《しん》の王祥は、寒中鯉《こい》をほしがる母のために、裸体で凍った氷上に寝、体温で氷を溶かして鯉を得たという。

また夏の夜に云々 晋の呉猛は、貧乏で親のために蚊帳《かや》が買えず、衣を脱いで親に着せ、これを安眠させるため、わが裸体に酒をそそいで蚊を誘ったという。

父母を養うだけの働きもなくて云々 漢の郭巨《かくきょ》は、貧しくて食糧に乏しかったので、老母を養うため、わが幼児を生き埋めにしようとしたところ、天の恵みで穴の中から黄金の釜《かま》が現われて富み栄えたという。

九　編（明治七年五月）

学問の旨《むね》を二様に記して、中津の旧友に贈る文
（少年よ、大志を抱《いだ》け）

易しい生計の安定

人間の心身の活動をこまかに見ると、これを二つの段階に区別することができよう。第一は一個人としての活動であり、第二は社会の一員としての公共的活動の面である。

第一段の方から言うと、まず自己の心身の活動によって、わが生計の安定をはかるのを、個人的活動という。しかし考えてみれば、（これはなんの造作もないことで、）元来自然界の万物は、一つとして人間のために便利にできていないものはない。たとえば一粒の種をまけば、二、三百倍の実を結び、深山の木は、特に手入れしなくても、自然生長して大きな材木となる。風は車を動かすし、海は船を運ぶ便宜を与えてくれる。山からは石炭を掘り出せるし、海や川からは水を汲み取ることもできる。火力をもっ

て蒸気を作れば、大きな重い汽車・汽船を自由に運転することさえ可能である。その他、自然界の微妙な働きをあげれば、一々数えるにいとまがない。

してみれば、ただこの自然界の不思議な作用の恩恵を受け、それにいくぶん手を加えて、自分の便利に供するだけのことである。いわば人間が生きてゆけるのは、すでに自然の神が九分九厘までお膳立《ぜんだ》てしてくれたものに、われわれがわずかの手間を加えるまでのことだ。なにも人間自身の力で生計の道を作り出したと威張れるほどのものではない。実は道ばたに捨ててあったものを拾い取るも同然の労力にすぎないのである。

だから人間として、自分一個の生計をはかるぐらいは、むずかしいことではない。それに成功したからとて、別に自慢するには当たらない。もちろん独立の生計を立てることは、人間にとって重大なことで、「汝の額に汗して、汝のパンを得よ」とは古人〔聖書〕の格言である。だが、私の考えでは、この格言の精神通り実行したからとて、それだけで人間の務《つと》めが万事終わったとはいえまいと思う。この格言は、ただ人間を、どうにか鳥や獣以下に低下させぬだけのことだ。ためしに、動物の世界をながめて見るがいい。一つとして、自分の力で食物を獲得しないものがあろうか。単に食物を手に入れて、当座の食欲を満たすだけではない。蟻《あり》のごときは、さらに遠い将来のことまで考えて、穴を掘って住居を作り、冬の用意に食料をたくわえるではないか。しかるに世の中には、この蟻のような生活で満足している人間がある。今その一例をあげてみよう。

マイ・ホーム主義は不可

男子と生まれた者が、相当の年になり、あるいは技術を職とし、あるいは商売に従事し、または役人となったとしよう。やっと親類や友達の世話にもならず、相当の生計が立てられるようになり、幸い他人に不義理の借金などもしない。そこで借屋住まいか、または自分で小さな家でも建てて、一応住居も安定する。そして、家具家財までは十分手が回らぬまでも、とにかく結婚だけはというので、希望通りにしかるべき若い女性を妻に迎える。これで身も固まり、倹約を旨として、子供がたくさん出来ても、一通りの教育ですますなら、それほど教育費も要らぬ。不意の失費や病気などの入費にも、三十円や五十円の金にはいつも事欠かない。こうして細く長く、将来のことまで気を配って、どうにか、一家を支えることができれば、本人もあっぱれ独立の生活を営んでいると得意の色を示す。世間もこの男を見て、他人に迷惑をかけぬ甲斐《かい》性者《しょうもの》だと、いっぱしの成功者のようにほめるだろう。けれどもこれは、自他ともに大きな認識不足ではあるまいか。こんな男は、蟻の真似をしているにすぎない。一生の仕事は蟻以上には出られないのだ。なるほど自己の生計を立てるためには、額に汗を流したこともあろうし、わが胸一つに思い悩んだこともあろう。「額に汗して食え」と言った古人の金言に背いたことにはならぬかもしれぬ。しかし結局、その一生の足跡を見れば、(まったく蟻の程度で、)決して万物の霊長たる人類の目的を達したものとはいえない。

進歩なき人生

この男のように、自分一個の生計の安定だけで満足すべきものならば、人類の生活は、ただ生まれて死ぬだけのことではないか。自分が死ぬ時の社会の状態は、生まれた時の状態と少しも進歩がないわけだ。このありさまで子々孫々まで続いて行くならば、人類は何百代生まれ代わっても、今の村のありさまは、昔の村のありさまとちっとも変わらない。この世の中に、公益のための大工事を起こす者もなければ、船を作り、橋をかける人間もなかろう。われとわが家の生計以外は、一切自然のなすがままに放任するならば、その土地に人類の活動発展してきた文明の足跡は何も残らぬわけだ。西洋人の言葉の中にも、「もしも人類が、皆みずから足ることだけを知って、小さな生活の安定に満足していたならば、今日の世界は、人類のはじめの世界と、少しも変わっていなかったであろう」と言っている。全くそれに違いない(して見れば、人類の文明は、現状に満足しない精神から発達したと言ってもよい)。

もっとも「満足」にも、善《よ》し悪《あ》し二つの場合があるから、その区別を誤ってはならない。たとえば、ひたすら一を得ては二を望むというように、一つ事が満足すれば次の不足を感じて、どこまで行っても永久に満足の喜びを味わい得ないのは、いわゆる煩悩《ぼんのう》であり、貪欲《どんよく》ともいうものである。けれども、(小成に甘んじて、)みすみす自分の心身の活動次第で、当然達しうべき目的をも達しようとせぬ者は、愚物というほかはあるまい。

社会人たる義務

第二段に話を進めると、大体人類の本能は、大ぜい集まって生活することを好み、孤独で住むことはできぬものである。そこで、夫婦・親子の生活だけでは、まだこの本能を満たすに足りないので、必ず広く他人と交わることになる。その交わりが広ければ広いほど、自分の幸福もいよいよ大きいことを感ずるわけだ。ここに社会生活の起こる契機がある。しかしながら、いったんわれわれがこの世の中で、社会の一成員となった以上、当然社会に対する義務も伴ってこなければならない。

いったいこの世の学問にしても、工業にしても、政治・法律にしても、すべて社会のために存在するものだ。もしも社会というものがなければ、そんなものの必要もないはずである。たとえば政府は、何のために法律を作るかといえば、悪人を防ぎ、善人を保護して、社会の安全をはかるがためである。また学者はどういうわけで本を書いたり、人を教育したりするかといえば、後輩の知識を指導して、社会を健全に維持するためである。昔中国のある偉い政治家は、「自分は天下を治めるのに、ちょうど祭の肉を分かつように、公平ならしめたいと思う」と言った。同じく中国に、「庭前の草を抜くより、天下の悪を掃除するのが自分の使命だ」と言った古人もある。これらも皆、社会のために役立つ仕事をしようとする願望を述べたものにほかならない。

およそだれでも、多少とも自分に取柄があれば、その取柄を生かして、世間の役に立ちたいと願うのが人情の自然である。中にはたとい本人自身は、世の中に役立つつもりはなくても、知らず知らず、後世の人々がそのおかげをこうむる場合も少なくない。要するに人類には、自分の取柄を世に役立てたいという本能があればこそ、社会に対する義務も果たせるのである。もし昔から世の中に、こういう人物がいなかったなら、現代に生きるわれわれは、今日見るような世界の文明の恩沢に浴することはできなかったであろう。

社会の恩恵

われわれは、親から身代を譲り受けると、親父《おやじ》の遺産だといって有難がる。だが親の遺産などは、たかの知れた地所や家財ぐらいのもので、もしいったん手放したら、それっきりのものだ。ところが世界の文明は、そんな目に見えたちっぽけなものではない。現代の文明は、過去の世界中の人類が一つになって、その古人全体がわれわれ現代人に譲り渡してくれた遺産なのである。その恩恵の広くかつ大きなことは、とうてい親父の地所や財産の比ではない。しかもわれわれは、今この文明の恩沢をだれに向かって感謝したらいいのか、その恩人をはっきり名ざすことはできぬ(それは無数無限の過去の人類の恩恵だからである)。

たとえていえば、日光や空気は、われわれの生活に必要欠くべからざるものだが、これを得るのに、一文の金も要せぬようなものであろう。現代の文明も、この日光や空気と同様、貴重なものだが、だれのおかげとして感謝すべき相手はない。ただ過去の人類全体の目に見えぬ恩徳、貴重な贈り物というよりほかはあるまい。

古人の恩恵

人類のはじめには、知恵も開けず、そのありさまをたとえてみれば、ちょうど生まれたての赤ん坊にまだ知恵がないのと同様であった。一例をいえば、麦を作って粉にするにしても、はじめはただ自然の石と石とでこれを突き砕くことしか知らなかったであろう。その後だれかが工夫して、二つの石を円形の扁平な形に作り、それぞれの石の真ん中に小さい穴をあけた。そして一方の石の穴に木か金の心棒をさしこみ、この石を下に置いて、その上にもう一方の石を積み重ね、下の石の心棒を上の石の穴に通す。そして二つの石の間に麦を入れて、上の石を手で回し、この石の重みで麦を粉にすりつぶすことを発明したのであろう。これが挽《ひ》き臼《うす》である。昔はこの挽き臼を人の手で回すだけだったが、後世になると、臼の形も次第に改良され、またこれに水車や風車を装置した。さらに進んでは、蒸気の力を応用するようにもなって、だんだん便利になったのである。

万事この通りで、世の中のありさまは次第に進み、昨日まで便利と感じたものも、今日はもう実用に適せぬものとなる。去年の新発明も、今年は時代後《おく》れとなってしまう。こうした西洋諸国の日進月歩の形勢を見ていると、やれ電信だ、蒸気だと、あらゆる機械が、次から次へと飛び出す。その度に、その性質が改良され、日を追い、月を重ねて、新奇を競って、やむ時がない。

ただ目に見える機械類の進歩だけにとどまらず、知識の開明につれて、社会生活の範囲もだんだん広くなった。社会生活が広くなれば、人情も自然に平和を愛する風が高まってくる。国際公法の理論が権威を持つにつれ、昔のように軽々しく戦争を起こせる機会は減ってきた。（武力戦争の機会が減ったのとは反対に、平和の戦争たる）経済の論議はますます盛んとなり、政治や商業のすがたも旧態を一変してしまった。その他、学校の制度も、書物の体裁も、政府の会議も、議会の弁論も、すべて改善に改善を重ね、そのとどまるところを知らない。今われわれが西洋文明の歴史を読んで、未開草創の時代から十七世紀まででいったん巻を閉じ、それから二百年間を飛ばして、一足飛びに現在の十九世紀の巻を開いて見たならば、（十八世紀から十九世紀にかけて、近代の文明が）いかに大きな進歩を遂げたかに驚かぬ者があろうか。前後、ほとんど同じ国の歴史と信ぜられぬほど、著しく進歩したことを見いだすであろう。こうした進歩の根源を求めれば、これまた諸先覚の遺産であり、先輩たちのおかげにほかならない。

洋学先駆者の遺功

（西洋だけでなく、）わが日本の文明にしても同様だ。最初は朝鮮・中国の文明を輸入し、それ以来日本人の力で、これを磨《みが》きあげて、近世に至るまで発達したのである。一方、西洋に関する学問なども、すでに宝暦年間〔十八世紀半ば〕から発足した。その事情は『*蘭学事始《らんがくことはじめ》』という刊本を見れば分かる。特に最近(幕末)外国との交際が開けてから、西洋の学問はいよいよ世間に流行し、洋学を教授する先生や、洋書を翻訳する学者が現われて、社会の思想も方向を一転するに至った。その結果、政府の更迭〔明治維新〕、藩制の廃止〔明治四年〕にまで発展し、現代のごとき社会となって、新しい文明の基礎が出来たのである。これらの成果も、やはりわが国先覚者の遺産であり、先輩の努力の恩恵といわねばならない。

現代学徒の覚悟

以上のごとく、昔からすぐれた先覚者が、心身の苦労を重ねて、社会のため有益な事業を残した例は少なくない。今これら先人の気持ちを考えると、ただ現世の生活を楽しむというようなことだけで満足したのではあるまい。必ずや社会に対する自己の使命を重んじて、はるかに高遠な理想をもって生きたに違いない。今日学問に志すわれわれは、これらの先輩から文明の遺産を受けついで、まさに今日の時代の進歩の先頭に立つものだから、さらに限りなき前進を続けなければならぬ。今から数十年後の文明の時代になって、その時代の人間が、先輩たるわれわれの恩恵に感謝すること、あたかも今日のわれわれが過去の先覚者に感謝するごとくにあらしめなければなるまい。

一言にいえば、われわれの任務は、今日この世に生きるかぎり、わが活動の足跡をはっきり大地に刻みつけて、これをながく子孫に残すことにほかならぬ。そう考えると、われわれの任務は、並大抵《たいてい》のことではない。わずかばかりの教科書を習って、(学校を卒業し、)あるいは商人となり、あるいは技術屋となり、あるいは小役人となって、年に数百円のはした金をかせいで、やっと妻子を養うだけで満足していいものだろうか。それでは、ただ他人に迷惑をかけぬだけのことで、なんら社会に役立つところはないではないか。

窮屈な過去の日本

その上、事業を行なうには、おのずからやりよい時代と、やりにくい時代とがある。時代が窮屈であれば、いかに有力な人物でも、自分の力を自由に発揮するわけにはゆかない。そうした例は、古今に珍しくない。現にわが郷里中津にも、(旧幕の時代に、)りっぱな人物があったことは、明らかにわれわれの記憶する事実である。もちろん今日の新しい時代の眼から見れば、それらの人物の思想行動には、時には、先見の明を欠いた、時勢に逆行するところも多かったであろう。しかしそれは、封建社会の時代観念のしからしめた結果で、必ずしもその人個人の罪とはいえない。彼らの能力は、たしかにひとかどの事業をするに足りる資格をそなえていたと思われる。ただ不幸にして、自由に活動しうる良き時代にめぐりあわなかった。そのため、(せっかくの力がありながら、)いたずらに宝の持ちぐされで生涯を送り、今では、もはやある者は死に、ある者は老い朽《く》ちて、いずれも社会に大きな貢献をのこすことなく終わったのだ。まことに残念なことといわねばならぬ。

活躍自在の好機

明治の現代は、そうではない。(窮屈な封建社会から解放されて)自由に個人の実力が振える時代になったのである。前にも言ったように、西洋の学問がだんだん行なわれてきて、ついに幕府を倒し、藩制を廃止するに至ったのは、決してただ維新戦争の勝敗による変革とのみ見るわけにはゆかない(この社会の変革は、ひとえに文明進歩の功能にほかならない)。この文明の功能は、ただいったん戦争が終結したからとて、進歩を停止する性質のものではない。この社会的変革は、戦争による変革ではなくて、世界文明の進歩がもたらした社会思潮の変化である。さすれば、戦争のごたごたは、すでに七年前（明治元―二年）に片づいて、跡形もないが、文明による社会人心の変化は、今なお引き続いて進行しているわけだ。およそ物体にしても、動かぬ物体を自由に動かすことはむずかしいが、（今は幸い時代全体が動いているのだから、）新しい学問をみずから主張して、社会の人心を指導し、これをさらに高度の段階に推進するには、今日ほど絶好の機会はない。この好機に恵まれたものこそ、今日のわれわれ学徒なのだ。学徒たる者は、社会のために奮発して、大きな足跡を後世にのこさなければならぬ（以下十編に続く）。

昔中国のある偉い政治家は云々《うんぬん》　前漢の陳平が若い時、村で祭の世話役をしたが、祭の肉を分けるのが公平で好評を得た。彼いわく、「自分が天下の宰相《さいしょう》（大臣）になったら、この通り公平な政治をしよう」と。はたして後に名相となった。

庭前の草を抜くより云々　後漢の名臣陳蕃が少年時代、庭が草だらけなのを、来客にとがめられた時の豪語。

『蘭学事始』　江戸時代後期の蘭学者杉田玄白の回顧録であるが、一種の洋学由来記をなす。久しく写本で伝わったが、明治二年福沢が費用を出して出版した。

十　編（明治七年六月）

前編の続き、中津の旧友に贈る（外尊内卑を脱却せよ）

洋学生安易の風潮

前の編では、学問の目的を二つに分けて述べたが、それを要約すると、「人はただ一身一家の衣食を得ることで満足すべきではない。人の天性にはもっと高等な使命があるから、社会の一員となり、その一員として公共のために尽くさねばならぬ」ということを述べたのである。

学問をするには、その志をまず高遠にしなければならぬ。飯を炊いたり風呂を沸《わ》かしたりするのも学問であれば、天下国家のことを研究するのも学問である。しかしながら、一家の生計は簡単だが、国家の財政はむずかしい。いったい世の中の事物は、手に入り易いものほど価値が低い。物に値打ちがあるのは、それが手に入りにくいからである（学問に値打ちがあるのも、それが学び難いからである）。ところが私の見るところでは、現今の学生は、ともすれば難きを避けて、易きに就く弊《へい》があるようだ。昔封建時代は、学生が相当の修業を積んでも、万事動きのとれぬ窮屈な世の中とて、その学問〔儒学〕を実地に用いる場がなかったから、やむなく修業の上にも修業を重ねたものである。だから、その学風はもとより古臭くて好ましいものではなかったにせよ、彼らが読書に努めて博学だったことは、現代学生のとうてい及ぶところではなかった。

現在の学徒はそうでない。学べばすぐ実行に移すことができる。たとえば洋学生が三年修業すれば、一応の歴史や物理を会得《えとく》して、たちまち洋学教師として学校を開くこともできる。または人に雇われて教授することもできるし、政府の役人となって活動することもできる。それどころか、もっと楽な方法もある。〔原書を読まずに、〕今流行の訳本だけを読み漁《あさ》り、またあちこちを飛び回って内外のニュースを聞きかじり、要領よく官職に就けば、たちまちりっぱな役人となれるのだ。しかし、こうした風潮が流行すれば、日本の学問の向上進歩はおぼつかないであろう。

割のいい洋学商売

筆が少し卑俗な例に及んで、学徒に向かっていうべきことではないが、しばらく金の計算で話をしよう。学校に入って修業するには、一年間の費用はせいぜい百円程度にすぎない。三年間にわずか三百円を投資して、それで一箇月五十円も七十円ものぼろい収入を得るのが、今の洋学生の商売である。それどころか、(原書も読まず、内外のニュースばかり聞きかじり、)耳学問だけで役人となる連中に至っては、三百円の元手すら要らないから、もらう月給は全部手取りの丸儲《もう》けだ。世の中にこんな割のいい商売が他にあろうか。高利貸でもはるかに及ぶところではなかろう。もちろん物価の高低は需要の多寡《たか》に比例するもので、現今政府をはじめ、諸方面で洋学者への求人が盛んなため、こういう好景気を生じたのである。だから、あえて学徒に罪があるというのでもなければ、雇うがわを馬鹿だとそしるのでもない。ただ私の考えでは、この連中がもう三年か五年、刻苦勉励して、本当に着実な学問を身につけた後に就職したならば、将来大成するだろうと思うばかりである。それでこそ、はじめて日本全国民の知徳のレベルも上がり、西洋諸国の文明とも競争できるにちがいない。

洋学生の任務

そもそも今の学生は、どんな目的で学問をしているのであろうか。自由独立の精神を求めるためといい、自主自由の権利を回復するためというではないか。自由独立と言う場合は、その意味の中に当然義務という観念も含まれねばならぬ。独立とは、単に一軒の家を構え、他人の世話にならぬという意味だけではない。それはただ家庭人としての義務を果たしたにすぎない。もう一歩進んで、社会人としての義務についていえば、日本国にあって日本人たる名誉を失わず、同胞と一致協力して、(海外に対して)日本国全体の自由独立を全《まっと》うしてこそ、公私両面の義務を遂行したものといえるのである。一軒の家を構えて、食うに困らぬというだけでは、独立の一家の主人といえるばかりで、まだ日本の独立を担《にな》う国民とはいえぬであろう。

外人に頼るは国辱

現在日本の状態を見渡すと、文明とは名ばかりで、その実力は備わっていない。文明の外観だけは整ったようだが、肝心の精神ははなはだ未熟である。今の日本の陸海軍の力で西洋諸国の軍と戦えるだろうか。絶対に不可能であろう。また今の日本人の学識で西洋人を教えることができるだろうか。何も教えることがない。それどころか、向こうから教わろうにも教わりきれぬのを憂えるばかりではないか。外国には留学生を派遣し、国内にはお雇いの外人教師が溢《あふ》れている。政府の役所・学校をはじめ、三*府・五港の役所まで、至るところ外国人を雇っていないところはない。そればかりか、民間の会社・学校等に及ぶまで、新規の事業を起こす場合は、必ず一番先に外国人を雇い、不当な給料を支払って、これに依頼することが多い。西洋の長所を取ってわが国の短所を補うというのが人々の口実である。だが、現在の状態では、日本人は何から何まで劣っており、西洋人は一から十まですぐれている観がある。

もちろん数百年来の鎖国を開いて、急に西洋の文明国と交際を始めたのだから、あたかも火と水とが相接したようなものだ。この両者のアンバランスを調和するためには、一時西洋人を雇ったり、西洋の品物を買ったりして、急場を凌《しの》ぎ、この大きな波《は》瀾《らん》をしずめるのは確かに止むを得ぬことだ。一時の供給を外国に求めるのも、国家の失策とはいえまい。けれども、それはもちろん永久の計ではなく、ただ一時の措置と考えて、かろうじてみずから慰めるだけである。その一時とは、いつになったら終わるのであろうか。供給を外国に仰がず、自国でまかなう方法はどうしたら得られるであろうか。それを予期することはたいへんむずかしい。ただ現在の青年学徒の成業を待ち、この人々に自国の需要を引き受けさせる以外に方法はあるまい。これこそ今日の学徒の双肩にかかった責任である。その責任は急なりといわねばならぬ。

洋学者に必要な独立心

そこで、現在国内に雇い入れた外国人たちは、日本の学者がまだ幼稚なために、一時その代理を勤めさせているのである。また現在わが国に外国製品を買い入れているのは、日本の産業が未発達なばかりに、一時輸入して、必要にあてているのである。外人を雇い、外国品を買うのに金を費やすのは、日本の学術がまだ外国に及ばぬため、むざむざ財貨を外国に捨てているのだ。国家のためには惜しむべく、学者にとっては恥ずべきことではないか。

一面、人には必ず将来への希望がなければならぬ。希望がなければだれが努力しようか。明日の幸福を願えばこそ、今日の不幸を慰めることができるし、来年の楽しみがあればこそ、今年の苦しみも忍ぶことができるのだ。昔は万事古臭い格式にしばられて、志ある者も前途に希望を抱く目標が立たなかった。が、今はそうではない。古い格式が一掃された今日は、学徒のために新天地が開かれたようなものだ。天下に事業を起こす場所のないところはない。農民でも、商人でも、学者でも、役人でも、なんにでもなれる。書を著わし、新聞に筆を執《と》り、法律を研究し、技術を学び、産業を起こし、議会を開くなど、いかなる事業も行なわれぬことはない。しかもこれらの事業に成功したとて、国内の同胞同士咬《か》み合うのではなく、知恵を競う相手は外国人なのだ。この知恵の競争に勝てば、わが国の地位は向上するだろうし、負ければ低下するであろう。われわれの希望は大きく、その目標も明白ではないか。もちろん国家重要の事業を実行するには前後の順序もあろう。だが、是非とも日本に必要な事業は、国民各自の長所に従って、今日からでも着手しなければならぬ。いやしくも社会に生きる責任を自覚した者は、現在の(西洋依存の)国情を傍観すべきではない。学徒たる者は大いに奮起すべき時である。

日本を背負う気力

以上のごとく考えれば、現在学問に志す者は、普通の学校教育だけで満足すべきではない。その志を高くし、学問の奥儀を窮めねばならぬ。不羈《ふき》独立の覚悟を固め、他人に依頼することなく、同志の者がなければ、自分一人でも日本を背負って立つくらいの気力を持って、国のために尽くさなければならぬ。もちろん私は、和漢の古学者が、いたずらに治国平天下などの理想論を説くばかりで、肝心の自活の計を立てることに無関心なのを快しとする者ではない。そういう本末転倒をきらえばこそ、この書の初編より、「人間は平等なものだから、国民のすべてが、まずわが責任で自労自活せねばならぬ」と論じてきたのだ。しかし自活できるだけでは、まだ私の主張する学問の目的を果たしたとはいえない。

たとえば、ここに酒色に耽《ふけ》って手に負えぬ道楽息子がいるとしよう。この根性を叩《たた》き直すには、どうしたらいいか。これを指導して一人前の人間にするには、まず酒を禁止し、放蕩《ほうとう》をやめさせ、しかる後相当の正業につかせることであろう。酒色に耽っているうちは、正業のことなど語るべき段階ではない。しかし人間は、酒色に耽らぬだけでは、徳義上完全とはいえぬ。それはただ社会に迷惑をかけぬというだけで、まだ無用の長物のそしりは免れない。その飲酒放蕩をやめた上、さらに正業につき、修養につとめて、家のために尽くしてこそ、はじめて一人前の若者といえるのである。

さきの自活の論もこれと同じである。わが国の士族階級以上(大名・貴族など)の者は、数千百年来の旧習に慣れて、衣食の術の何たるかも知らず、わが収入の由《よ》って来たるところもわきまえず、(ひたすら農民の犠牲において)、大威張りで無為徒食を当然の権利のごとく心得ていた。そのありさまは、あたかもかの放蕩息子が酒色に耽って無我夢中なのと同然である。この場合、彼らに何を教えることができようか。ただ自労自活の尊さを説き、その自覚を促す以外に手はなかろう。こんな連中に高尚な学問など勧めてもどうなるものではない。公共の利益に尽くす道など説く段であろうか。そんなことを勧めても、てんで学問の目的に対する自覚がないのだから、学問の話など夢のまた夢に過ぎまい。私がとりあえず自活の必要ばかりを主張して、真の学問の目的を説かなかったのはそのためである。自労自活論は、世間の徒食の連中目あてのもので、有為《うい》の学徒を導く言葉ではないのだ。

地方青年の抱負

ところで、近年わが故郷中津の青年で、学問〔洋学〕修業中の者が、往々学業の半ばで早くも生計の道に走るという噂《うわさ》を耳にする。生計の道はもちろん軽《かろ》んずべきではない。また才能の有無もあるから、(学問に向かない人間が、)将来の方向を手近な職業に求めるのも悪いことではない。けれどもこうした風潮が広がり、皆が競って生計のことばかりに没頭するのは考えものだ。もしそうなれば、せっかく才能に恵まれた青少年までが、その天分を活かし切れず、むざむざ才能を腐らしてしまうおそれがないとはいえない。本人のためにも残念だし、国家のためにも惜しいではないか。また、今の世の中で食って行くのはむずかしいとはいえ、遠い将来の生活を考えてみるがいい。目前の収入を得て生計の費にあて、小さな安定を求めるより、やはり努力して倹約に心がけ、前途の大成を期する方が有利であろう。

だから、学問に志すなら大いに学問に励むべきである。農業に志すなら豪農に、商業に志すなら大商人にならねばならぬ。学徒たる者は、目先の小さな利益にとらわれてはならぬ。粗衣粗食に甘んじ、寒暑をいとわず、米も搗《つ》くがよし、薪《まき》を割るもよい。

学問は米を搗きながらもできるのだ。(洋学を学ぶからとて、)西洋料理を食わねば勉強できぬという理屈はあるまい。麦飯を食い、味噌《みそ》汁をすすりながらでも、大いに西洋文明を研究すればいいのである。

三府・五港　東京・京都・大阪の三府と、横浜・神戸・長崎・新潟・函館の五つの開港場。

十一編（明治七年七月）

名分をもって偽君子を生ずるの論
（封建道徳は虚礼と偽善とを生む）

名分の由来

第八編に、上下貴賤の封建的名分が、夫婦・親子の間に権力不均衡の災害を生んだ例を示し、その害の及ぶところはこのほかにも多いという事を書いておいた（そこでこの編では、その続きを述べることにする）。

いったい名分なるものの起こったゆえんは、いかにも形の上では強大な者が弱小な者を力ずくで制御する格好に相違ない。しかし、その精神は、必ずしも権力者の悪意から生じたものではない。それは要するに、大衆は皆無知で、しかも正直者ばかりだという前提から出発している。そこで、（上に立つ者だけが全責任を持って）下の者を指導し教化して、ひたすら目上の命令に従わせ、少しも彼ら自身の意見を持たせぬように仕向けた。そして目上の者は、たいていわが一存で万事を適当に処置し、国の政治も村の支配も、店の商売も家の生活も、上下心を一にして、世間のあらゆる人間関係を親子の間柄のようにやってゆこうというのが名分の由来である。

親子自然の関係

たとえば、十歳前後の子供の生活は、もちろんその子の意思通りやらせるわけにはゆかない。たいていは親の見計らいで衣食を与え、子供は親の言葉に逆らわず、その命令に従っていれば間違いない。寒い時季はちょうど綿入れの用意があり、腹の減った時分には飯の支度ができている。飯と着物が自然と天から降ってくるようなものだ。ほしい時にほしい物が手に入るから、子供はなに一つ不自由もなく、安心して家にいることができる。両親も、わが身以上に大事な子供のことだから、一生懸命これを教育し、誉《ほ》めるも叱《しか》るも真の愛情に出ぬものはない。だから、親子の間はまったく同心一体、楽しいことはたとえようもない。これが本当の親子の関係というもので、この場合には、親は親、子は子たる上下の名分もりっぱに立ち、少しも矛盾は生じないのである。

名分の限界

そこで、世間で名分を重んずる人々〔儒教流の人々〕は、この親子の関係をそのまま世間一般の関係にも当てはめようと考える。しかし、これはいかにも結構な思いつきのように見えて、実は大きな矛盾がある。なんとなれば、親子の親しい関係は、知能の発達した一人前の実父母と、まだ幼稚な十歳ぐらいの実子との間に自然に成立するだけで、他人の子供にはもとより通用しない。たとい実の子供でも、もはや二十歳以上になれば、親はしだいに方針を切り換えなければならぬ。まして一人前の大人《おとな》である他人と他人との間は、なおさらこの流儀でうまくゆくわけがない。いわゆる理想は現実に一致せぬとはこのことであろう。

国でも村でも政府でも会社でも、すべて人間の集団は大人と大人との仲間であり、他人同士の付き合いなのだ。この仲間付き合いに、実の親子の流儀を用いようとしても、困難至極ではなかろうか。しかし、たとい実現できぬことでも、実現できればさぞよかろうと心に描くイメージは、やはりそれを実現したく思うのがこれまた人情の常である。名分という観念が起こって、専制道徳が発達したのも、そうした理由にほかならない。そこで初めにもいったように、名分のもとは、権力者の悪意から生じたものではなく、むしろ(理想的道徳社会を実現しようとする)彼らの善意に満ちた空想から生まれたものということになる。

君臣名分の夢想

アジアの諸国では、君主のことを民の父母と言い、人民のことを(その子になぞらえて)臣子、または赤子《せきし》といってきた。また政府の役人を牧民の職と称し、中国では地方官を何州の牧《ぼく》と名づけたことがある。元来、牧の字はけものを養う意味だから、一州の人民を牛や羊を扱う了見で、そのことばを公然と表に打ち出したものである。あまりにも無礼な仕打ちではないか。しかし、かように人民を子供のごとく、また牛や羊のごとく取り扱ったけれども、前段にも言ったように、本来の精神は、必ずしも人民を苦しめるのが目的ではない。やはり実の両親がわが子を養うような方針にほかならなかった。そこで、(儒教の理想によれば、)まず君主は常に聖明の名君たることを予想し、しかも必ず賢良の宰相《さいしょう》を用いて補佐役とすることを前提としている。君相《くんしょう》ともに一点の私心もなければ我欲もなく、清明廉直の精神を人民に推《お》し及ぼして、民を治めるに情愛を旨とする。飢饉《ききん》があれば米を恵み、火事があれば銭を与え、その生活を保護して、衣食住の安定に思いをいたす。かくて君徳のあまねきことは南風《なんぷう》のかおるがごとく、民心の素直なことは草の靡《なび》くがごとく、君の心の柔らかなるは綿のごとく、民の心の静かなるは木石《ぼくせき》にも似て、上下一体、君民ともに天下の太平を謳歌《おうか》する――と、まずこういった寸法が、儒教のアイデアであろう。実に極楽浄土を現世に写し出したような着想ではあるまいか。

君臣は赤の他人

しかし、よく社会の現実を考えてみると、政府と人民とは元来血を分けた肉親ではなく、赤の他人同士にすぎない。他人同士の関係は、人情一辺倒で片付くものではない。必ず厳重な規則や約束を定め、互いにそれを守って、わずかの権利をも争わねばならぬ。それこそむしろ両者間が円満にゆくゆえんである。国家に法律ができたのもそのためだ。

その上、そもそも聖明の君主とか、賢良の宰相とか、または柔順な人民とか、いろいろ理想だけは描いても、どこの学校に入れば、そんな完全無欠な聖主・賢相が生まれるのか、またどんな教育を施《ほどこ》せば、そんな善良きわまる人民ができるのか。中国人は古く周の時代から、しきりにそのビジョンの実現に骨を折ったらしいが、今日まで一度も理想通りに世の治まったためしはない。今では結局(彼らが野蛮視した)西洋人の圧迫に苦しめられているありさまではないか。そんな事情も悟らずに、きかぬ薬を再三用いるように、神様ならぬ自称聖主・賢相たちが、(神様かぜを吹かして、)手前味噌《みそ》の〝仁政〟をふりまわし、〝仁政〟の良薬に〝専制〟の毒素を混合して、無理やりに御恩を人民に売ろうとする。人民にとって、御恩は変じて有難迷惑となり、仁政はかえって悪法となるのが落ちである。

それでもいわゆる聖主・賢相連は、依然太平楽を並べ続けるつもりであろうか。いくら勝手に太平がってもかまわないが、今の世界にだれがそれに共鳴しよう。そんな中国人の了見こそ時代後れといわねばならぬ。実に隣国のことながら、あまり馬鹿《ばか》馬鹿しくてお話にもならない。

ワンマン商法の罰

上の者が全責任を持って、下の者を思いのままに支配する風習は、東洋ではひとり政府だけでなかった。商店・学校・神社・仏寺などあらゆる社会に行なわれぬ所はない。今その例を挙《あ》げれば、商店では主人が一番の物知りで、収益損失の全体を記載した原簿をにぎっているのは主人だけである。その下に番頭があり、またその下に若い者があって、それぞれの役目を務めていても、番頭や若い者には商売全体の規模はさっぱりわからない。ただやかましやの主人の命令に服従するばかりである。お給金も旦那の思《おぼ》し召し次第、仕事もお指図任せで、商売の損得を原簿で見知る機会もない。朝夕主人の顔色をうかがい、その顔つきが御機嫌の場合は商売が成功、眉《まゆ》をしかめている時は失敗かと推量するぐらいのことで、そのほかは何の心配もいらない。

奉公人の唯一の関心事は、自分に任された帳面づらに、筆先で秘密のカラクリを仕掛ける一事だけだ。鷲《わし》のような鋭い主人の目もそこまでは届かず、まじめ一途《いちず》の忠義者と思いこんでいた番頭手代が、意外の逃亡か急死のあとで帳面を調べて見ると、洞《ほら》穴《あな》のような大穴があいているのにびっくりして、はじめて人間の当てにならぬことを嘆息する始末である。しかしこれは、人間が当てにならぬのではなく、ワンマン経営が当てにならぬのである。主人と奉公人とは赤の他人の大人同士ではないか。その大人の奉公人に、商売の利益配当の約束もせず、(ただ主人一存のあてがい扶持《ぶち》で)他人を自分の子供のように扱ったのは、主人の飛んだ了見違いといわねばなるまい。

封建道徳の欺瞞

右のように、上下貴賤の名分をやかましくいい、形式ばかり重んじて、上に立つ者が独裁権をふるった結果、その弊害は、世間にマヤカシやイカサマの流行となって現われた。その常習者を偽善者というのである。たとえば、封建時代に、大名の家来は、皆表向きは忠臣の了見で、格好だけは君臣上下の名分を守ること厳重をきわめた。お辞儀一つするにも、身分によって敷居の内外を正す。先君のお逮夜《たいや》にはなまぐさ物を口にせず、若君の御出生には裃《かみしも》を着けて祝い、新年祝賀の登城、殿様の御菩提《ぼだい》寺御参詣の御供には、ひとりも欠席する者はない。口癖には、「清貧は武士の習い」「尽忠報国はわが本懐」などという。また「禄《ろく》を頂く限りは、主君に命をささげるのが武士の本分なり」などと、大言を吐きちらして、いざ鎌倉《かまくら》という時は、今にも討《う》ち死にせんばかりの意気込みである。おおかた世間はこれにだまされかねないが、その内幕をのぞいて見ると、これまた例の偽善者にほかならない。

表裏の多い武士社会

その証拠に、大名の家来で、要職にある者の家に余財が出来たのはなぜだろうか。先祖以来変わらぬ禄と、一定の役職手当て以外は、一銭の収入もあるはずはないのに、収支決算して余りが出るのは怪しいではないか。いわゆる役得にせよ、賄賂《わいろ》にせよ、主人の物をごまかしたに相違はない。最も著しい例をいえば、建築主任の役人が業者にリベートを要求し、会計係の役人が出入りの商人から付け届けを取るなどは、全国の藩でおきまりのようになっていた。主人のために御馬前で討ち死にさえせんほどの忠臣義士が、主人の買い物の上前《うわまえ》をはねるとは、あまりの矛盾ではないか。まっかな偽善者というほかはあるまい。

あるいは、たまに正直な役人があって、黒い霧の噂《うわさ》もなければ、未曽有《みぞう》の名臣のように藩中の評判になった。が、その実は、ただ主人の金をごまかさなかっただけのことだ。泥坊《どろぼう》せぬからとて、格別ほめられるほどの名誉でもなかろう。ただ偽者《にせもの》の多い中に、たまたま、まともな人間が混じっていたから、特に珍しく見えたまでのことである。結局こうした偽善者がふえたのも、その原因は、古人の空想〔儒教的観念論〕で、世間の人間を皆愚直で、勝手に支配できるものと思いこんだ結果、専制独裁の弊に陥り、かえって飼い犬に手を咬《か》まれることになったのだ。まったくこの世で当てにならぬものは名分で、弊害の大きいものは専制独裁である。恐るべきことではないか。

少ない義士の数

人によっては、言うかも知れない。「そんなに不誠実な人間の悪例ばかり挙げればきりもないが、全部がそうでもあるまい。日本は忠義の国で、古来忠義の武士が主君のために身を捨てた例はたくさんある」と。いかにもそれはその通りだ。昔から義士もないではなかったが、その数が少なくて、勘定に合わぬのである。たとえば、元禄時代は武士道全盛の時代であった。この時、赤穂七万石の領内に、四十七人の義士が出た。七万石の領分には、およそ七万人の人口があったと思われる。七万人の中に四十七人の義士があったとすれば、七百万人なら四千七百人の勘定となる。ところが、時代が下るにつれて、人情は薄らぎ、武士道も廃《すた》れたことは周知の事実で、疑うべくもない。そこで現在は、元禄時代より武士道三割減と見て、七〇パーセントとすれば、七百万人について三千二百九十人の割合となる。今、日本の人口三千万とすると、義士の数はわずか一万四千百人しかないわけだ。この人数で、はたして日本全国が護れようか。その不可能は、三歳の子供でも判断ができるであろう。

名分と職分との区別

以上のように論じてくると、名分はまったく不必要に帰するわけだが、念のため一言しておきたい。名分とは、うわべだけの名義で、内容の空虚なものだから、上下貴賤など身分差別の名称はすべて無意義である。けれどもこのほかに、人間には各自実質的な職分〔役目による責任〕というものがある。そこで国民が、名分の代わりに、この職分を置き換えて、自己の職分をさえ忠実に守るならば、かりに古くさい名分という名称だけは、残したければ残しておいてもたいして害はあるまい（その実質は職分なのだから)。

すなわち政府は一国の経営者で、人民を支配する職分があり、人民は一国の株主で、国家の費用を負担する職分がある。文官の職分は、政治や法律を相談して決めることであり、武官の職分は、上官の命令に従って、戦場に赴《おもむ》くことにある。そのほか、学者にも町人にも、それぞれきまった職分のない者はない。

しかるに知ったかぶりするあわて者が、名分は無用と聞いて、たちまち大事な職分まで忘れて、人民の立場にありながら、政府の法を破ったり、政府の役人のくせに、権柄《けんぺい》ずくで人民の生業《せいぎょう》に干渉したりしては困りものだ。いわんや兵隊が政治を議論して、勝手に戦争をはじめたり、文官が武力に押されて、軍人の命令に従ったりするようなことがあれば、それこそ国家の秩序は保てまい。それは自由主義の生かじりというもので、無政無法の騒動となるであろう。名分と職分とは、ことばは似ていても、内容は全く別である。読者諸君はこれを誤解してはならない。

十二編（明治七年十二月）

演説の法を勧むるの説（近代国民の要件）

日本にない演説の習慣

演説とは英語で「スピーチ」という。大勢の人を集めてわが意見を述べ、席上で自分の考えを発表することである。日本には昔からこの方法がなく、ただ寺の説教などがまずそれに似たものであろう。西洋諸国では演説がすこぶる盛んで、政府の議会、学者の集会、商人の会社、市民の会合をはじめ、成人式・結婚式・葬式・祭事から、開業開店等の末に至るまで、わずか十数名の人が集まれば、必ずその会合について、会合の目的を述べたり、人々の平生の持論を吐いたり、その場の感想を語ったりして、皆の前に披露する習わしである。この演説の大切なことはいうまでもない。たとえば今、日本で国会設立の事が問題となっているが、たとい国会が開かれても、第一に演説の法がなければ、国会も役に立たぬであろう。

演説の効能

演説で意見を述べれば、その内容の大切か否かはひとまず別としても、話それ自体に味が出るものである。たとえば、文章で書けばそれほど注意をひかぬことでも、口で話せばわかり易くて、人の心を動かす力がある。古今の有名な詩歌などもこの類であろう。詩歌を普通の散文に直せば、いっこう面白みがなくても、詩歌の法則に従って、その形式修辞をととのえれば、無限の味を生じて、衆人の心を感動せしめるのである。それを考えても、一人の人の気持ちがそのまま直截《ちょくせつ》に多くの人に伝わるためには、その伝達の方法いかんが重要なことがわかる(やはり演説の方が文章よりは力強いといえよう)。

学問の要は活用にあり

学問は、読書だけが唯一のものではない。このことは、すでに読者の知るところだから、詳しくいうまでもあるまい。学問の生命は活用にある。活用できぬ学問は無学に等しい。昔、ある朱子学の学生が、多年江戸に留学して、朱子学について諸大家の説を写し取り、日夜勉強して、数年間にノート数百冊を作り上げた。いよいよ修業も出来上がったから故郷に帰ろうというので、自分は東海道を西に向かい、ノートは葛籠《つづら》に納めて、貨物船に託して発送した。ところが、不幸にも船は遠州灘《なだ》で遭難してしまった。この災難のため、その学生は、自分は無事帰国したものの、学問はすっかり海に流れてしまって、身についたものは一つもなく、いわゆる元の木阿弥《もくあみ》で、その無学さは遊学以前と少しも変わらなかったという話がある。

今の洋学修業者にもこうしたおそれがないではない。彼らが今日都会の学校に入って、読書研究しているありさまは、どう見てもひとかどの学者といわなければならぬ。しかし今、彼らから急に種本の洋書を取り上げて、郷里に追い返したならば、親類や旧友に向かって、「僕《ぼく》の学問は東京に置いて来た」と弁解するような笑い話にならぬとも限るまい。

学問の方法は多様

かようなわけで、学問の生命は読書ばかりでなく、精神の働きにある。この働きを活発にして実地に応用するには、いろいろな工夫がなければならない。「オブザベーション」とは、事物を観察することであるし、「リーズニング」とは、事物の道理を推究して、自分の意見を立てることである。しかし、もちろんこの二つだけで学問の方法が尽きるわけではない。このほかにも、本を読み、書を著わし、同学の士と討論し、多数の前で意見を発表しなければならぬ。これらのいろいろな方法を用い尽くして、はじめて学問の研究者といえるのである。すなわち観察・推理・読書はみずから知識を求める方法であり、討論は知識を人と交換する方法であり、書を著わし、演説をすることは知識を人に伝える方法である。そしてこれらのうち、自分ひとりでできるものもあるが、討論と演説とは、必ず相手がなければならぬ。演説会の必要なことはこれでもわかるであろう。

弁論は学者の任務

今、わが国民大衆のために最も嘆かわしいのは、彼らの頭の程度が低いことである。大衆を指導して向上させるのは、もとより学者の任務だから、その手段があることを知った以上は、力を尽くしてそれを実行せねばならぬ。ところが、学問のために討論や演説の大切なことはすでに明白なのに、これを実行する者がないのはなぜであろうか。学者の怠慢といわなければなるまい。

すべて人生の修業には、内にたくわえるのと外に発表するのと二通りあって、両方を修めなければならぬ。今の学者は、みずから知識をたくわえることのみに没頭して、人に伝える責任を自覚せぬ者が多い。この事は大いに反省する必要がある。みずから知識をたくわえ、思索にふけることは、底知れぬ淵《ふち》のごとく深くなければならぬ。が、人に接して活発なることは、空飛ぶ鳥のごとく自在でなければならぬ。学識の緻密《ちみつ》なることは、内に向かって極まりなく、その活用の広大なることは、外に向かって限りなくして、はじめて真の学者と称するに足りるであろう。

人の品行は高尚ならざるべからざるの論（自他比較の意義）

必要な人格と見識

前条に、「現在わが国で最も嘆かわしいのは、国民大衆の見識が低いことだ」といっておいた。ところが人間の見識や人格は、むずかしい哲理を論ずるだけで向上するものではない。たとえば禅宗では、悟道などという事をやかましくいって、禅の哲理はすこぶる高遠なものらしい。だが、坊主どもの実生活を見ると、まったく時代離れしていて、ものの役に立たない。彼らの実際やっている事は、とんと取りとめがなくて、なんらの見識もない凡愚同然である。

また人間の見識や人格は、ただ知識見聞が広いのみで向上するものでもない。万巻の書を読み、天下の人物に交わっても、なお自己に確固たる見識のない者がある。因習を固守する漢学者などがそれである。漢学者ばかりでなく、洋学者でもこの弊を免れない。今、西洋の最新の学問に志す者が、あるいは経済書を読み、あるいは修身論を研究し、あるいは哲学、あるいは科学と、日夜学業に腐心すること、あたかもいばらの上に坐《すわ》って、とげの痛みに耐えかねるほどの苦しみを重ねながら、その人の実生活を見れば、決して学問が身についているとはいえない。経済書を読んでいながら、一家の生計が立てられず、修身論を口にしながら、一身の徳の修められぬ者ばかりではないか。その議論と実行とを比較すれば、まったく別人の観があり、いっこう定見のある者は見当たらない。

要するにこれらの学者も、みずから口にし眼に見るところの学問の内容を尊重せぬわけではない。しかし、正しいことを正しいと認める知識と、正しいことを正しいとして実行する意志とが離れ離れになっているのである。時には、この知識と意志とが一致することもあるが、しばしば衝突する場合があるわけだ。「医者の不養生」とか、「論語読みの論語知らず」とかいうことわざも、それをさしたものである。そこで結局、人間の見識人格は、むずかしい哲理を論じたり、学問を広く学んだりするだけで向上するものではないといわなければならぬ。

目標を高く持て

しからば見識を向上させ、人格を高めるにはどうしたらいいか。その要件は、自分と自分以外の者とを比較し、自分より高級の者に目標を向けて、安易に自己満足せぬ事である。ただしその比較に大切なことは、一部分だけ比べるのではなく、自分の全体と相手の全体とを並べて、両方の優劣を総合的に見比べなければならぬ。

たとえば今、若い学生が酒色に耽《ふけ》るような噂《うわさ》もなく、まじめに勉強していれば、父兄・先輩に叱《しか》られることもなく、一見自慢してよさそうに思われる。だが、決してそうではない。それはただ自分以下の不良学生に比べて威張れるだけである。まじめに勉強するのは人間当然のことで、特にほめられるほどの名誉ではない。人生の使命はもっと高いものでなければならぬ。広く古今の人物をかぞえ、だれと比較して、だれと同じだけの手柄を立てたら満足すべきかといえば、必ず自分以上の人物を目標にしなければならぬ。たとい自分に多少の取柄があっても、相手にそれ以上の取柄があれば、自分の取柄に安心していいわけはない。ことに今人が古人より進歩するのは当然の運命である。かりに自分が先例を破って、比較すべき古人がないほど空前の成功を収めたとしても、それに甘んじたり驕《おご》ったりすべきではない。今人の責任は重且《か》つ大というべきだ。

しかるに、ただまじめに勉強しているというだけで人間生涯の使命と考えるごときは、不見識もはなはだしい。人として酒色に耽る者は、人並外れたろくでなしである。そんな者と自分を比べて満足する者は、たとえば両眼があるのを得意として、盲人に威張るようなものであろう。まるで自分の馬鹿さ加減を披露《ひろう》するようなものだ。酒色に耽らぬのを唯一の自慢にして、それに耽る者を面と向かって非難したり、かげでかれこれ批判したりする間は、結局程度の低い議論といわねばならぬ。人格識見が少し高くなれば、そんなことを自慢するような低級な言辞は姿を消して、たまたま口にのぼせること自体、他の識者の軽蔑《けいべつ》を買うくらいのものである。

学校評価の標準

今、日本で学校の良否を評判するのに、「あの学校の風紀はこうこうだ。こちらの学校の取り締まりはこれこれだ」と言って、世間の父兄はもっぱら風紀や取り締まりのことばかり問題にする。そもそも風紀・取り締まりとはどういう事をいうのか。学校の規則が厳重で、生徒の不品行を防ぐための取り締まりが行き届いていることをいうのであろう。はたしてこれがその学校の名誉といえようか。私はむしろそれを恥ずべき事と思うのだ。

西洋諸国でも、決して風紀がいいとは限らぬし、見るに忍びぬ汚い面も多い。けれども、その国の学校が、風紀が正しく、取り締まりの行き届いただけで評判を得ているためしは聞いたことがない。学校の評判は、ひとえに学科の内容が高度なこと、教育の方法が進んでいること、教師や学生の人柄がりっぱで見識のすぐれていることにかかっているのである。

日本でも、現代学校教育にたずさわる学者や、そこに学ぶ学生は、自分の学校を他のくだらぬ学校と比較せず、世界中の優秀な学校を目標にして、優劣を考えねばならぬ。風紀が正しく、取り締まりの行き届いたのも学校の長所には違いなかろう。だが、そんな長所は、学校としては最低の長所にすぎず、いっこう自慢になるものではない。世界中の優秀な学校と比較するためには、別に注目すべき方面がなければならぬ。学校の急務として、たかが取り締まりのことなどを問題にしている間は、たとい取り締まりだけは成功しても、決してそれで満足するわけにはゆかない。

自国独善の弊

一国のありさまを論ずる場合も同様である。たとえばここに政府があって、すぐれた人物を大臣に用いて政治を任せ、人民の苦楽を察して適当の政策を施すとしよう。功ある者は正しく賞し、罪ある者は重く罰し、政府の恩恵も威光も並び行なわれて、万民が喜んで平和を楽しむとすれば、まことに誇るべき善政のように見えるであろう。しかし実は、その賞罰も、恩威も、万民の太平も、ことごとく一国内だけのことである。しかも一人の支配者、ないし数人の大臣の力によるものでしかない。その政治の善悪というのは、ただその国の過去の悪政に比較するか、または他国の悪政府と比較して自慢できるだけである。その国全体の状態を詳しく検討して、他国のそれと対照し、一から十まで優劣を比較したものではない。もし自国のあらゆる条件を打って一丸として、他の文明国と比較し、数十年の永い間に行なわれた双方の得失を対照して、その差し引き勘定を試みたならどうか。実際に損益の清算が明らかになれば、おそらくはじめ自慢したことが、決して自慢にならぬことがわかるであろう。

インド・トルコの実例

たとえば、インドの国柄はきわめて古い。その文明の開けたのは、西暦数千年前である。特に仏教哲学の精密深遠なことは、おそらく西洋諸国の近代哲学に比べても、多く劣らぬであろう。また昔、トルコの国家もすこぶる威勢が強く、軍備・政治・文化ともによく整っていた。君主もすぐれていたし、大臣にも人傑があった。人口が多く、兵士の武勇に富んでいたことは近国無比で、一時は名誉を世界に輝かしたものである。そこでインドとトルコを評すれば、インドは有名な文化国家、トルコは強大な武力国家だったといってよかろう。

ところが現代、この二大国のありさまを見ると、インドはすでにイギリスの植民地となり、その人民は英国政府の奴隷と化したに等しい。今のインド人の役目は、アヘンを作って中国人の命を奪い、ただイギリス商人をしてこの恐るべきアヘン売買の利益を独占させているにすぎない。トルコの国家も、独立国とは名ばかりで、商売の実権は英仏人に握られてしまった。自由貿易のおかげで、国内産業は振《ふる》わず、機織り業〔軽工業〕もなければ、機械の製造〔重工業〕もない。人民はひたすら労働して原始的な農業に従事するか、無為にして日月を空費するばかりである。一切の製作品は英仏から輸入し、もはや国の経済を立て直す力もなくなった。せっかくの強い兵隊も、国の貧乏には勝てず、さっぱりものの役に立たぬということだ。

右のごとく、インドの文化も、トルコの武力も、いっこうその国の近代文明に貢献できぬのはなぜであろうか。けだし国民の視野が狭く、ただ自国内しか見ぬためだ。自国の現状に満足して、その現状の一面だけを他国に比較し、その間に優劣がないのに、自己陶酔しているからである。国民の議論も自国内の事しか問題にせず、派閥の争いも国内の利害しか考えぬ。他国全体の状態と自国のそれとを比較して勝負を争い、自国の面目にかけても競争しようという意識がないのである。そして国民が、うかうか平和ムードに安住するか、または国内闘争に明け暮れしているうちに、外国人の金の力に押さえられて、国権を失ってしまったのである。

まことに西洋商人の向かうところは、アジアにおいて敵する国がない。恐るべきことではないか。もしこの海外の強敵を警戒しつつ、しかも西洋の文明に学ぶ必要ありとするならば、われわれ日本人は、よくよく国の内外の事情を比較して、(肚《はら》を固めて)勉強しなければならぬ。

十三編（明治七年十二月）

怨望《えんぼう》の人間に害《がい》あるを論ず（陰険の不正は欲求不満から起こる）

徳不徳の相対性

およそ人間には、よくない性質がたくさんある中でも、社会に最も害のあるのは、他人の幸福をねたむ怨望の心、すなわちひがみ根性より大きなものはあるまい。そのほかにも、物欲のさかんなこと、物惜しみすること、ぜいたくをすること、人の悪口を言うことなども、皆はなはだよくない性質にはちがいない。だが、それらはよく考えてみれば、その精神の本質においては、必ずしもよくないとばかりはいえぬ。それらの精神を働かせる時と場合や、その程度のいかんや、その精神の振り向け方によって、必ずしも不徳義とはいわれぬこともある。たとえば、金を貪《むさぼ》って、満足することを知らないのは、世にいう業突《ごう》く張りである。だが、金を好むのは人間の天性だから、その天性に従って、この欲望を満たそうとすること自体は、決して非難するには当たらない。ただ無理な金を得ようとして、時と場合の見境を失ったり、欲張りすぎて非道を行なったり、金を求める方向を間違えて、邪道に陥ったりした場合に、これを業突く張りの無法者というのである。金を好む人間の精神活動そのものを悪いとはいえまい。そのよいか悪いかの分かれ目は、本人の理性である。理性の範囲内で金を愛するのは、倹約とか、経済上手《じょうず》とかいうべきもので、当然人間の努力すべき大切な心がけの一つといわねばならぬ。

ぜいたくということも同様である。身分相応のぜいたくをするか、不相応のぜいたくをするかによって、善《よ》し悪《あ》しは決まるのである。軽くて暖かい着物を着たい、気持ちのいい家に住みたいと思うのは、天然の人情である。天然の道理に従って、この欲望を満たすのは、なんら悪いこととはいえまい。うんと儲《もう》けて気前よく使い、使っても限度を越えなければ、それは(決して無茶なぜいたくではなく)、むしろ人間として正しい生き方というべきではないか。

また人を非難するにしても、それがはたして根拠のない悪口であるのか、正当な攻撃であるのか、その境目をつけるのは中々むずかしい。他人に無理に難癖をつけるのが悪口であり、他人の間違いを指摘して、自分の信ずるところを主張するのが弁難攻撃である(しかしこの区別は、実際にはつけにくい)。この社会にまだ絶対の客観的真理が発見されぬかぎり、人間の議論の善し悪しは、そう簡単に決められるものではない。その善し悪しの決定法がないとすれば、かりに世論の多い方を真理とするほかはないだろう。だが、またこの世論の実態をはっきりとらえることもたやすくはない。して見れば、他人を非難する人間が、ただちに不徳義漢だと断定することは早計である。その非難が、はたして根拠のない悪口か、正当な攻撃かを見分けるには、やはりまず世界に通用する絶対の真理を究明してかからなければならぬであろう(しかしそれが困難である以上は、両者の区別もむずかしいといわなければならぬ)。

右の例のほかにも、たとえば、傲慢《ごうまん》という悪徳の半面には、勇敢という長所があり、荒っぽくて無作法な半面には、単純正直の愛すべきところがあり、頑固で融通のきかぬ半面には、きまじめで、ごまかしがないという良さがあり、おっちょこちょいの半面には、目先のきく取柄がある。かように、それぞれ人間の性格は、いずれも(一長一短があって)、その発現する時と場合により、またその程度のいかんにより、さらにその発揮される方向によって、あるいはプラスともなり、マイナスともなるわけだ。

怨望は絶対的不徳

ところが、たった一つだけ、その性質自体絶対的に質《たち》が悪くて、その時と場合にかかわらず、また発揮される方面を問わず、不善中の不善ともいうべき性格がある。それが、はじめに言った「怨望」、すなわち、ひがみ根性である。ひがみ根性というやつは、まったく陰険な性質である。積極的に自分を善くしようと努力するのではなく、他人のありさまを見て、心ひそかに不満をいだき、自分のことは棚《たな》にあげて、他人にのみ不当な注文を付ける。そして自分の不平を癒《い》やす方法といえば、自分にプラスを加えようとつとめるのではなくて、他人にマイナスを与えて快感を味わうのである。他人の幸福と自分の不幸とを比較して、自分の方にひけ目があると、自分の境遇を改善して、幸福を増そうとはしない。かえって他人を不幸におとしいれて、その境遇をみじめにし、彼と我との不幸のバランスを取ろうと願うといった風だ。古語に「これを悪《にく》んでその死を欲す」〔論語〕とある通り、相手を妬《ねた》んで死ねばよいと祈るようなものである。こういう連中の不平の虫が納まるということは、いい換えれば、世間全般の幸福が減ることを意味する。少しも世間の幸福が増すことにはならないのだ。

怨望は衆悪の母

人によってはこういうかもしれない。「たとえば、人をだましたり、うそをついたりすることなどは、やはりそのこと自体はなはだ質のよくないことだ。これらはひがみ根性に比べて、どっちの罪が軽いとも重いとも言えぬのではないか」と。なるほど、あるいはそう見えるかもしれないが、事の原因結果の区別からいうと、やっぱりそこに自然と罪の重い軽いがないとはいえまい。人をだましたり、うそをついたりすることも、もちろんよくないにはちがいない。しかし、それは必ずしもひがみ根性の原因ではない。多くはひがみ根性が原因となって生ずる結果である。

だから、ひがみ根性は、あらゆる悪徳の根本ともいうべきもので、世間の悪事は、そこから出発しないものはない。人の心を邪推したり、やきもちをやいたり、たえずびくびくしたり、こそこそさもしい行動をしたりするなどは、皆ひがみ根性から生まれるのだ。この性格が内攻した場合には、こそこそ話、ひそひそ話、秘密の相談、陰謀のたぐいとなり、これが外部に爆発すると、集団闘争・暗殺・一揆《いっき》・内乱へと発展する。少しも国家に利益とはならず、全国一様に迷惑をこうむる点では、本人も他人もともにその被害をのがれることはできない。ひがみ根性というやつは、いわゆる社会公共の利益を犠牲にして、自分一個の私憤をはらすものといわねばならぬ。

怨望は自由の束縛に基づく

ひがみ根性が人間社会に害を及ぼすことは、以上の通りである。しからばひがみ根性なるものはどういう原因から生まれるかというと、それはもっぱら「窮」という一点から生ずるのである。ただしこの場合の「窮」とは、「困窮」とか「貧窮」とかいう場合の「窮」、すなわち物質の欠乏の意味ではない。それよりも、人間の言論を制限し、行動の自由を束縛するなど、人類自然の活動を窮屈にすることをいうのである。

もしも貧窮や困窮がひがみ根性の原因だとするならば、天下の貧乏人は一斉《いっせい》に不平をとなえ、金持ちはまるで貧乏人のうらみの目標になって、社会の安全は一日も保たれぬはずだ。だが、実情は決してそんなことはない。どれほど貧乏な人間でも、自分がなぜ貧乏であるのか、その原因を明らかにして、原因が自分の責任であることを納得しさえすれば、決してむやみに他人をひがむものではない。その証拠はわざわざあげるまでもあるまい。今日世界中に貧富・貴賤の差があるにかかわらず、よく社会の安寧《あんねい》が保たれているのを見てもわかるであろう。そこで私に言わせれば、金があるから必ずしも人のうらみを買うわけでもなく、貧乏そのものが不平の原因となるのでもないのだ。

聖人の愚痴は因果応報

これらのことから考えると、ひがみ根性は貧乏が原因ではない。それではどこから生ずるかというと、ただ人類自然の精神活動が抑圧されることにある。すなわち、幸福も不幸も、(まったく本人の自由意志によらず、)偶然の運命に支配される社会にのみ、ひがみ根性は著しくはびこるのである。

昔孔子は、「*女子と小人《しょうじん》とは手におえない。実に困ったしろものじゃ」(論語)と嘆いたことがある。しかし私にいわせれば、実は孔子が自分の教えでその種をまいておきながら、自分でその弊害に閉口しているのだ。なんとなれば、人間の本性は、男も女もちがうわけはない。また「小人」というのは、下層の人民のことであろうが、下司《げす》下《げ》郎《ろう》の子に生まれた者が、生まれつき下等な人間だと神から定められたわけでもない。下郎も貴族も、生まれおちた時の性質にはなんら相違がないのは、いうまでもあるまい。しかるに、この女子と小人とに限って始末に困る、と孔子がいったのはどういうわけであるか。思うに、(古来の東洋の道徳では、)ふだんから人民全体に卑屈の精神ばかりをたたきこみ、特に無力な婦人や小人の自由を束縛して、彼らの活動に少しも自由を与えなかったため、ついに(習い性となって、)ひがみ根性をつくりあげることになったのだ。そこでとどのつまりは、さすがの孔子様さえさじを投げるに至ったのである(さすればそれは、むしろ孔子を御本尊とする儒教そのものの罪ではないか)。

元来人間の性質上、活動の自由を奪われれば、その結果、必ず他人をひがむようになるのは当然だ。原因あれば結果あり、原因に応じてそれ相当の報いがあるのは明白な道理で、麦をまけば麦が生えるのと同じ理屈である。仮にも聖人といわれる孔子様が、こんなわかりきった理屈がわからず、別に妙案もなくて、ただ愚痴ばかりこぼすとは、あまりふがいないではないか。

道徳的価値の変化

とはいうものの、だいたい孔子の時代は、明治をさかのぼること二千年あまり昔の文明未開の社会であった。だから、儒教の教義も、その時代の人情風俗に従って、天下の秩序を保つ必要上、みすみす女子や小人を差別することの不合理を知りながら、わざと彼らを束縛しておかねばならなかったのであろう。孔子が真の聖人で、はるか後世の文明社会を予見するだけの見識があったとすれば、おそらくそんな差別的便法をもって内心満足していたわけではあるまい。そこで、今日孔子の学問を勉強する者は、時代思潮の相違を計算に入れて、十分取捨選択を加えなければならぬ。二千年昔に行なわれた孔子の教えをそのまま踏襲して、明治の現代に実行しようとするのは、物事の価値が時代によって変化する道理をわきまえぬ、お話にならぬ石あたまというほかはない。

陰険な御殿女中の社会

またもっと手近な一例をあげて言おうなら、およそひがみ根性がはびこって、社会に害をなしたものとしては、わが封建時代に多かった大名の御殿女中ぐらいひどいものはなかった。だいたい大名社会のありさまというものは、無知蒙昧《もうまい》な女どもが、狭い場所にかたまって、一人の馬鹿殿様に奉公しているのだから、勤勉だとてほめられもせず、怠けたから罰せられるとも限らない。主君をいさめて叱《しか》られることもあれば、いさめないで叱られることもある。ものをいってよいか、いわぬがよいかは、その時のめぐり合わせ次第である。主君をだますのはもとより悪いが、時にはだまさぬのが悪い場合もないではない。ただ朝晩の風向きに任せて、殿様の万一の御寵愛を期待するほかはないのだ。それはまるで的のない所に矢を射るようなもので、当たったからとて手柄とはいえず、当たらぬからまずいともきまらない。まともな人間社会とはかけ離れた別天地であった。

こういう(不合理で窮屈な)世界にながく住んでいると、人々の喜怒哀楽の人情も、おのずから変質して、他の一般社会とは変わらざるを得ない。たとえば仲間の中で、偶然出世したものが出ても、(それは正当な理由のないまぐれ当たりにすぎないので、)その方法を学んだとて、自分も同様に出世できるわけではない。ただ相手の出世を指をくわえて見ているほかはない。うらやむ気持ちが高《こう》ずれば、妬《ねた》ましくなるのも自然のいきおいである。こうして仲間を妬み、主人をひがむのに気の安まるひまもないとなれば、とても御家のためを思う余裕などあるわけもなかろう。主君のためには忠を尽くし、肌友《ほうゆう》のためには信を守り、節操義理を重んずるなどというのは、うわべを飾る看板にすぎぬ。内心はといえば、御殿の畳に油をこぼしても、人が見ていなければ拭《ふ》きもせずにほっておく主義となる。はなはだしきに至っては、主君の命にかかわるほどの病気の時でさえ、ふだんの仲間同士のいがみ合いから、十分看病もできぬことが多い。

これがさらにひどくなると、ひがみ、妬みのあげくは、相手を毒殺するような事件さえ起こりかねない。もしこの犯罪に関する数を明記した統計表が残っていたと仮定して、大名社会に行なわれた毒殺の数と、一般社会に行なわれたその数とを比較できたなら、おそらく御殿女中の犯罪の方が多かったことが証明されるにちがいない。ひがみ根性の弊害は、実に恐ろしいではないか。

この御殿女中の一例から見ても、だいたい世の中のことは類推されるであろう。世間でいちばん恐ろしい弊害はひがみ根性である。しかもその元はといえば、人間の自由を束縛することが原因なのだ。だから、人の言論は自由にせねばならず、人の活動は抑圧してはならない。

ためしに英米諸国のありさまと、日本のそれとを比較して、それぞれの社会で、どっちが今いった御殿女中かたぎを脱しているかを見るがいい。私はあえて今の日本がまったく昔の大名の御殿そのままだとはいわぬ。けれども、その旧態と隔たることの遠近をいえば、日本はまだ旧態に近く、英米などは、すでにそこをはるかに遠ざかっているといわねばなるまい。英米の国民も、欲ばりでけちだとか、傲慢《ごうまん》でぜいたくだとかいう弊はあろう。無礼で乱暴だといえぬこともあるまい。うそをついたり、人をだましたりする者もあって、その国民性は感心したものではないだろう。しかし、ひがみ根性とか意地悪とかいう点では、必ず日本人よりましなはずだ。

現在わが国の学者の間に、日本も議会を開かねばならぬという議論があり、また出版を自由にすべしという意見も出ている。議会を開いたり、出版を自由にしたりするのが、はたしていいか悪いかはさておいて、こうした議論の出てきた原因を考えてみると、これらの学者たちの意見は、「今の日本国中を昔の大名の御殿のありさまにとどめたくない。今の日本人をして御殿女中かたぎから脱せしめたい」という精神から来ているのである。すなわち、陰険なひがみ根性をなくすために、自由な活動を奨励し、やきもちをやめさせて、自由競争の元気を鼓吹しようとするのである。幸福を得るも不幸を招くも、名誉を受けるも不評を買うも、すべて本人の腕次第ということにして、すべての国民をして、善悪禍福ともに、自分の責任で当然の報いを得させようという精神にほかなるまい。

東洋人の閉鎖主義

ところで、わが国民の言論を封じ、その活動を妨げているのは、ややもすれば、もっぱら政府だけの罪で、政治向きだけの欠陥のように受け取られやすい。けれどもこの欠陥は、必ずしも政府だけに存在するのではなく、われわれ国民自身の習慣としても、非常な欠点となっているものだ。したがって、ただ政治だけを改革しても、わが国の欠陥の根源を取り除くことはできぬ。(むしろ国民自身の性格を改善する必要があるから、)今数言を最後に加えて、政府以外の事実について述べよう。

元来人間の本性は、社交を愛するものだが、習慣によっては、かえってこれをきらって、孤独を欲するようになるものだ。世間には、変人とかすね者とかいわれて、わざわざ山家住まいや田舎暮らしを好み、世間づきあいを避けるものがある。いわゆる隠遁者《いんとんしゃ》なるものである。中には、本ものの隠遁者でなくても、世間のつきあいをきらい、家にとじこもって、俗塵《ぞくじん》に遠ざかるなどと称して、得意然としている手合いもある。これらの先生の心中を考えると、必ずしも政府のやり方が気にくわぬばかりに、世をのがれているわけではない。実は自分の気が弱くて、世間の人に接触する勇気がなく、しかも了見が狭くて、人と調和できぬのである。本人が人と調和できなければ、他人も相手にしてくれぬ道理で、自然双方離れ離れになり、ますます疎遠《そえん》とならざるを得ない。ついには別世界の生きものか、敵《かたき》同士のように、互いににらみ合い、ひがみ合うようになってしまう。実に世間最大の不幸といわねばなるまい。

対話の効果

また人間同士の交際において、相手の人物を直接知らず、ただその行動だけを見、またはその人の意見を遠方から伝え聞くだけで、少し自分の気にくわぬことがあると、その人に同情したり共鳴したりする気持ちにはならぬ。必ずこれをきらって、不当に憎む傾向が強いものだ。これもやはり人間自然の本能と習慣とのしからしめるところである。

これに反し、何か物事を相談する場合、伝言や手紙ではうまくまとまらぬ時でも、直接面会して話し合えば、円満にまとまることがある。またよく人のいうことばに、「実はこれこれの事情だけれど、面と向かっては、まさか本人にそうもいえないしね」などということがある。これこそ自然の人情で、ここに相手を許す辛抱《しんぼう》の心が生ずるのである。いったん辛抱する心が起これば、お互いに本当の気持ちが通じ合って、ひがみや妬みの根性はたちまち消失せざるを得ない。

昔から今まで、暗殺の例が少なくないが、私はいつもこういっている。「もしも適当な機会があって、事前に加害者と被害者とが数日間一つところに住み、互いに腹蔵なく本当の気持ちを打ち明け合うことができたなら、どんな敵同士でも、必ず仲直りするだろう。時には無二の親友とさえなったかも知れぬ」と。

以上述べたところから考えても、国民の言論をおさえ、活動を不自由にしているのは、ただ政府だけの欠点ではない。日本中の国民自身の間に存在する弊害である。世の学者と呼ばれるほどの人物さえ、時にこの欠点を免れることができない。人生の活発な元気は、多くの人物に接触し、いろいろな事件を体験しなければ、決して生ずるものではない。すべての国民をして、思う存分、自由に発言せしめ、自由に活動せしめるべきだ。そして、金持ちになるも、貧乏に陥るも、すべて本人自身の責任に任せて、わきから絶対に干渉してはならぬのである。

女子と小人とは手におえない　『論語』(陽貨)に、「子曰ク、女子ト小人トハ養ヒ難シトナス。コレヲ近ヅクレバ則チ不孫(つけあがる)、コレヲ遠ザクレバ則チ怨《ウラ》ム」とある。

十四編（明治八年三月）

心事の棚卸《たなおろ》し（不断の反省を怠るなかれ）

失策の多い人生

人間の世を渡るありさまを見ると、みずから予想しなかった悪事を犯したり、思いがけぬ愚を演じたり、予期に反して成功しなかったりするものだ。いかなる悪人でも、生涯悪事ばかり働こうと努力する人間はない。ただ物事にふれてふと悪心を生じ、みずから悪事と知りつつ、いろいろ勝手な理由を作って、しいて自分の心に弁解するのである。あるいは、それを行なう時には悪いとは思わず、少しも良心に恥じぬばかりか、ひたすら善い事とのみ信じて、他人に異見されれば、かえって腹が立ったほどの事でも、年月を経て反省すると、やはり自分が無分別だったと気がついて、恥じ入ることもある。

また、人の性質に知愚・強弱の別はあっても、自分で鳥やけもの以下の知恵しかないと思う者はあるまい。世の中のいろいろな仕事を見分けて、まずこのくらいの事なら自分でもやれると思い、自分相応の仕事のつもりで手を着けるのである。だが、さてやって見ると、案外失敗だらけで、最初の目算が外れ、世間から笑われたり、自分でも後悔することが多い。世間で大きな仕事を企てて失敗した人間をはたから見ると、実に吹き出すような馬鹿げた事をやったように見えるが、本人は必ずしもそれほどの馬鹿だったわけではない。よくその内情をただせば、無理もない事情があるものだ。結局世の中の動きは生き物で、容易に情勢の変化など予知できるものではない。そのために、ひとかどの知恵者でも、案外つまらぬ失敗をしでかすものである。

時間を測らぬための失敗

とかく人間の計画は、大きくなりがちなものだ。だが、その仕事の難易と、それに見合う時間の長短とを比較し、計算することは中々むずかしい。フランクリンは、「十分と思った時間も、いよいよとなると足らなくなるものだ」といったが、まったく同感だ。

たとえば大工に普請《ふしん》を命じ、仕立屋に衣服を注文すると、十中八、九、その日限通りに間に合わぬことが多い。これは大工や仕立屋が、初めからわざと仕組んだ横着ではない。最初に仕事と時間との割合を十分計算しなかったために、思いがけぬ約束違反となるのである。世間に大工や仕立屋の違約を責める人は少なくないし、それも理由のあることだ。だから、大工・仕立屋はいつも恐縮し、注文した旦那の方に理があるように見える。だが、その旦那も、自分で引き受けた事業をはたして日限通り実行しているかどうかというと、はなはだあやしい。

地方の学生が、国を出る時は、(東京で)勉強して、三年内に学問を仕上げる覚悟だったのが、実際予期した通り修業できたかどうか。無理な金の工面《くめん》をして、ほしくてたまらぬ洋書を手に入れ、三箇月間に読み終わるつもりで取りかかったのが、はたして予定通り読み終えたかどうか。また、官吏を志す学者が、「拙者をお用い下されば、その仕事はかようかように処理し、この改革もこのように実行して、半年間に政府の面目を一新してお目にかけます」と、再三意見書を奉って、やっと希望通り採用された後、はたして最初の抱負を実現できたであろうか。

あるいは貧乏書生が、「もし自分に一万円の大金があれば、明日からでも日本中至る所に学校を作り、一軒も無学な人間がいないよう教育を普及して見せる」と意気込んだとする。それがたまたま良縁があって、*三井か鴻《こう》の池《いけ》の養子になったなら、はたしてその言葉通り実行するだろうか。こうした実現困難な空想を数えれば果てしもない。みな仕事の難易と時間の長短とを比較せず、時間を計算することが軽率に過ぎ、仕事をあまり楽に考えるための誤りである。

また、世間で仕事を計画する人の言葉を聞くと、「一生のうちに必ずやって見せる」とか、「十年以内に完成しよう」とかいう人は最も多い。が、「三年」または「一年以内に」という人はやや少ない。「一月以内にやってのける」とか、「今日から手を着けて実行している」とかいう者になると、ほとんど稀《まれ》である。「十年前に(今日を期して)計画した事が、予定通り完成した」というような人間に至っては、私はまだ見たこともない。かように、先の長い計画を発表する時は、いかにも堂々たる大計画のようだが、期限がだんだん近づいて、今月今日と迫るにつれて、はっきり事業の進行状態を人に説明もできぬほど捗《はかど》らないのが常である。これまた計画の当初、仕事の大小と時間の長短とを計算しなかったための不始末にほかならない。

日常生活の総点検

以上のように、人生というものは、道徳上にもみずから予想せぬ悪事を犯し、知的の面でも案外の愚を演じ、事業も思いのほかに成功せぬものである。こうした不都合を防ぐ方法はいろいろあろうが、あまり人の気づかぬ一法がある。それは何かといえば、自分のやっている仕事が現在どの程度成績をあげているか、またはあげ得なかったか、これまで何を得、何を失ったかを、随時自分の胸の中で差し引き計算をしてみることだ。商売でいえば、棚卸《たなおろ》し、つまり定期の在庫品調べ、損得の総決算のようなものである。

だいたい商売に最初から損するつもりで取りかかるものはあるまい。まず自分の才能と資金とを考え、世間の景気を察して取りかかるのだが、いろいろ社会情勢の変化で、当たる場合もあれば、外れる場合もある。一方の仕入れに損をするかと思えば、他方の売り捌《さば》きに儲《もう》かることもある。そこで年末または月末ごとに清算をすると、見込み通り成功したこともあれば、すこぶる見込み違いの場合も起こるわけだ。また商品の動きの活発な際に、この品は必ず儲かると思ったのが、後日損益決算表を見ると、案に相違して損失のこともある。仕入れの時には品不足かと思っていたのが、棚卸しの時残品を見れば、存外売れ足が悪くて、仕入れが多過ぎたのを後悔することもある。そこで、商売上大切なことは、毎日毎日帳簿の計算を精確にし、しかも定期の棚卸しを怠らぬようにして、損益の総額を常に明らかにしておくことでなければならぬ。

この心得は、人生万事にわたって通用するであろう。〝人生〟という〝商売〟は、だれでも物心のついた十歳前後からはじまるわけだ。だから、平生自己の手腕や人柄に応じて営むあらゆる事業について、計算を厳密にし、極力損失を招かぬよう心掛けなければならぬ。「過去十年間に、何を損し、何を得たか。今はどんな営業に従事し、どの程度成功しているか。今はどんな物を仕入れて、いつどこに売り捌くつもりであるか。いつもわが〝心〟という大事な店の取り締まりが行き届いていて、遊興怠惰というような悪い奉公人に〝心〟の損をかけられたことはないか。来年も同様の仕事を続けて大丈夫であるか。これ以上わが知徳にプラスになる工夫はないか」と、〝心の帳面〟を一々調べて、〝心の棚卸し〟を行なってみるがいい。そうすれば、過去から現在に至るわが生活に、必ず多くの失策や欠点が反省されるであろう。その例をあげれば、およそ次のごときものがある。

矛盾の多い人間模様

「清貧は武士の習い、忠を尽くし国に報いるはわが本分なり」などとうそぶいて、いたずらに百姓の犠牲で威張って暮らしてきた士族は、今や思いもかけぬ維新の時変で禄《ろく》を離れ、食うに困っている。それはあたかも舶来の鉄砲があるに気付かず、刀剣をたくさん仕入れ、一時は儲かったが、今残品をもてあまして後悔している商人のようなものだ(時勢を見る眼がない罪である)。和漢の古書ばかり研究して、西洋最新の学問を知らず、古代をあがめて疑わなかった学者もある。それは夏が過ぎても、蚊帳《かや》の売れた盛夏の好況を忘れかね、冬にかかる季節に蚊帳を仕入れる商人のようなものだ(これまた時勢の変化を知らぬ愚者である)。若い学生が、学問も上達せぬうちに、急いで安サラリーマンになり、一生腰弁で終わるのは、せっかくの良い着物を、仕立てのできぬうちに質に入れて流してしまうようなものだ(割の悪い話である)。地理・歴史の初歩すら知らず、普通の手紙もろくに書けぬくせに、むやみに高尚な本を読みたがり、初め五、六枚のぞいて、また次の本に飛びつく者は、元手なしに商売を始めて、毎日商売を変えるようなものだ。広く和漢洋の本を読んでいても、肝心の天下国家の情勢を知らず、一身一家の生計をも立てられぬ者は、そろばんも持たずに雑貨屋を開いているようなものだ(いろいろな品物を雑然と並べたばかりで、身につく利益がない)。天下を治める道は知っても、わが身の処置をつけかねる者は、隣の営業に加勢しながら、自分の家に泥坊の入るのに気づかぬようなものだ。口には西洋最新の学説を振り回すが、それを批判する見識がなく、主体性の乏しい人間は、売品の名称だけ覚えていて、その値段を知らぬようなものだ。

こうしたさまざまな矛盾は、世の中に珍しいことではない。その原因はどこにあるかといえば、やはり行き当たりばったりに世を渡り、少しもわが身を反省することがないためだ。生まれてから今まで何をしたか、今は何をしているか、将来は何をなすべきかと、足もとに注意せぬ罪である。そこで結局、商売人が商売の現状を明らかにして、将来の見込みを立てるのは、帳簿の総決算が大切だ。それと同様、われわれが、われとわが身の実態を明らかにして、後日の方針を決めるに必要な事は、心の中の棚卸しにあるといいたい。

世話の字の義（過保護と干渉との弊）

保護と命令との両義

〝世話〟ということばには、二つの意味がある。一つは〝保護する〟意味であり、他の一つは〝命令する〟意味である。保護するとは、人の身の上につき、はたから番をして防ぎ護り、物を与えたり、時間を割《さ》いたりして、当人の利益・名誉を損ぜぬよう面倒を見ることである。〝命令する〟とは、その人のために、利益と思われることを指図し、不利と思われることは異見して、誠心誠意指導忠告することだ。これまた〝世話〟の意味である。

かように〝世話〟という語には、〝保護〟と〝指図〟との二つの意味がある。その両方の精神を兼ね備えて、人を〝世話〟するなら、それこそ完全な世話となって、世の中は円満にゆくはずである。たとえば、父母と子供との関係などはそれである。父母が衣食を与えて子供の保護をすれば、同時に子供は父母の指図に従って、いうことをよく聞き、親子の間には何の支障もない。また政府が法律を設けて、国民の生命・名誉・財産を尊重し、社会の安全をはかって国民をよく保護すれば、国民は政府の命令に従って、よくその指図に背かない。政府と人民との間は円満にゆくであろう。

そこで、〝保護〟と〝指図〟とは、その手をさしのべる範囲が常に同一でなければならぬ。その線に少しの狂いがあってもならない。すなわち保護の恩情の及ぶところには、同時に命令の権威が必要だし、命令の権利があるところには、当然保護の責任も伴わねばならぬ。もしもこの保護と命令との手のさしのべ方がバランスを失い、少しでも狂いがあると、たちまち不都合を生じて、災いの原因となるであろう。世間には、そうした例が少なくない。けだし世人は、しばしば〝世話〟の意味を誤解して、ただ〝保護〟とのみ解釈し、もしくは〝命令〟とのみ理解して、おのおの一方に傾き、その語の意味する完全な条件を実行せぬために、大きな間違いとなるのである。

保護のみの世話の弊

たとえば父母が、親の指図も聞かぬ道楽息子にむやみに金を与えて、いっそう道楽を助長するのは、保護の世話だけ焼いて、命令監督の世話が行き届かぬ例である。反対に、息子はまじめにつとめて父母の命令に従っているのに、この子供に衣食をもろくに与えず、教育もせずに無学文盲の不幸におとしいれるのは、命令の世話ばかり焼いて、保護の世話を怠ったものだ。前者はみすみす子供を不孝に導く結果となり、後者は親たる者の無慈悲である。ともに人間として悪事といわねばならぬ。

古人〔孔子〕の教えに、「朋友にしばしばすれば疎《うと》んぜらる」ということばがある。そのわけは、「こちらの忠告も用いぬ友人に、余計な親切を尽くして、相手の気持ちも考えずにうるさく異見すれば、かえって愛想をつかされる。先方から嫌《きら》われたり、恨まれたり、馬鹿にされたりする。実際の効果はないから、いい加減に潮時を見て、こちらから寄り付かぬ方がいい」という意味だ。つまりそれも、指図の世話を受けつけぬ相手には、保護の世話も焼いてはならぬという精神である。

命令のみの世話の弊

また昔かたぎの田舎の老人が、先祖以来の本家の系図などを持ち出して、(「そんな事をしては、名誉ある御先祖様の系図に相済まぬぞ」などと、)別家の若い者の家庭に干渉したり、貧乏な(別家の)叔父さんが、本家を継いだ甥《おい》を呼びつけて(金銭の援助もせずに)、ただ口やかましくその家事にくちばしを入れ、「今の若い者は薄情だ」などといって、その不行き届きを咎《とが》めたりする。はなはだしきは、甥の見知らぬ、遠い昔に死んだお祖父《じい》さん〔叔父からいえば父〕の遺言だった、などと称して、甥の家の財産を横取りしようなどとたくらむのもある。いずれも命令の世話ばかり焼いて、保護の世話は一かけらもしない例である。俗にいう〝大きに御世話〟とはこの事であろう。

不合理な専制国の政治法律

そうかと思うと、世間には貧民救済などといって、相手の善悪も考えず、貧乏した原因も調べず、ただ貧乏の事実だけに同情して、米や銭を与えることがある。本当に不幸な独り者で、身寄りもない場合は救済も当然だが、中には五升のお救い米をもらって、三升は酒に換えて飲むような不届き者もないではない。禁酒の命令もできぬうちに、むやみに米を与えるのは、指図の世話をせずに、保護の世話ばかり焼き過ぎたものだ。俗にいう〝飛んだ御苦労千万〟とはこれであろう。イギリスなどでも、貧民救済の方法でてこずるのはこの点だといわれている。

以上の理を国の政治に推し広めていえば、人民は租税を出して政府の費用をまかない、その財政を保護するものである。しかるに専制国家では、人民の助言を少しも用いず、人民が助言を述べる場所〔議会〕もないのは、これも人民は政府を保護する一方で、政府に指図する路は閉ざされたものといえよう。人民のためには、〝大きに御苦労千万〟といわざるを得ない。

ギブ・アンド・テークの原理

この類の例をあげれば、一々数えるいとまがない。この〝世話〟の語に保護と命令の両義があることは、いわば（ギブ・アンド・テークの）経済上の大原則でもある。人間生活において、いかなる職業にあっても、いかなる問題に対処するにも、念頭におかねばならぬ精神である。それはあまりに勘定ずくで、人情を無視したドライな議論のようだけれども、（それが人生の現実である、）たいして保護する必要もない相手に余計な恩を売ったり、反対に、実際はたいした面倒も見てやらぬ相手に、要らざるおせっかいをして、いっぱし世話してやったような顔をしたりしてはならぬ。それはかえって相手の感情を害し、お互いの付き合いを気まずくするだけだ。みずからいい格好をしようとして、逆効果をきたすものである。

慈悲の心も必要

右のように、一応の理屈は述べたけれども、世人の誤解がないよう、念のためちょっと言い添えておく。修身道徳の教えは、時に経済の法則と合致せぬ場合もある。それは当然で、個人の一々の行ないが、ことごとく天下の経済に結びつくわけではない。見ず知らずの乞食《こじき》に銭を恵み、かわいそうな貧乏人を見れば、その身の上をも確かめず、多少の金銭・品物を与える場合もある。金銭や品物を一時気の毒な人たちに恵むのは、保護の世話にちがいないが、(将来にわたり)指図の世話までしようというわけではない。そこで、窮屈な考え方に立って、経済の公式論の立場からいえば、右の恵与は、たしかに不必要な行為のように見えるだろう。だが、個人の徳義としては、慈悲の心は大切なことで、賞賛すべきものだ。

たとえば(社会の安寧秩序のために)浮浪の乞食を取り締まる警察の法は至当なものである。とはいえ、人間の私情として、哀れな乞食に物を恵む気持ちも非難すべきではない。人生は必ずしも一から十まで、そろばんずくの合理主義で割り切るべきものではない。ただその合理精神をどこに用い、どこに用いるべからざるかを判断することが必要なのである。読者諸君は、冷たい経済の公式論のみにとらわれて、温かい慈悲の精神を忘れてはならぬ。

三井か鴻の池　当時の富豪の代表。鴻の池は大阪が本拠。

十五編（明治九年七月）

事物を疑つて取捨を断ずること（東西の文明は一長一短）

盲信多き日本社会

むやみに物事を信じこむ社会には、嘘偽《うそ》りが横行する。これに反して、すべての事に疑問をもつ社会では、真理が発達する。ためしに世間を見るがいい。世の愚民たちは、ひたすら他人の言葉を信用し、他人の書いた書物を信頼し、世の俗説を事実と思い、うわさ話を真《ま》に受ける。神仏や占《うらな》いを信仰し、父母の大病にも、按摩《あんま》の意見を聞いて、漢方薬にたより、娘の縁談にも、家相見《かそうみ》の判断に従って、みすみす良縁を取り逃がす。熱病にかかっても、医者を招かずにお念仏を唱えるのは、阿弥陀様を信仰するからだ。三七《さんしち》二十一日の間、断食《だんじき》して命を落とすのは、お不動様を信ずるためである。これらの愚民社会に行なわれる風習に、はたして真理が多いか少ないか。義理にも多いとは答えられまい。真理が少ないとすれば、当然嘘偽りが多いとせねばならぬ。

なんとなれば、これらの人民は、物事を信じはするが、それは偽りを信ずるにすぎぬからだ。そこではじめにいったように、「むやみに物事を信じこむ社会には、嘘偽りが横行する」のである。

西洋文明は懐疑の産物

すべて文明の進歩は、宇宙間の自然現象でも、また人間社会の現象でも、その作用活動の本質を探究して、その奥にひそむ真理を発見することが大切である。西洋諸国の国民が、現代の文明に達した原因は何かといえば、既成の事柄への疑問に基づかぬものはない。たとえば、(自然現象の方面でいえば、)ガリレオは天文学の旧説に疑問をいだいて、地動説を考え出し、ガルヴァニ*は殺された蟆《がま》の脚《あし》のピクピクするのに疑問を持って、動物電気の原理を発見した。ニュートンは林檎《りんご》の落ちるのに疑いを起こして、引力の法則を発見し、ワットは鉄瓶《てつびん》の湯気に興味を感じて、蒸気の働きを疑い、蒸気機関を発明した。かように、いずれもまず物事に疑問をいだくという過程を経て、真理の奥に到達したのである。

自然科学の方面から目を転じて、人間社会の進歩の方面をながめて見ても、同様のことがいえる。奴隷売買の不当さに疑いを持って、天下後世までこの悲惨な弊害を根絶したのは、*トーマス・クラークスンであった。ローマ旧教の迷信を疑って、宗教に新しい改革を断行したのは、マルチン・ルーテルだ。そのほか、フランスの人民は、旧来の貴族階級の横暴に疑いを起こして、革命の幕を切って落とし、アメリカ十三州の人民は、イギリスの既成の国法に疑いを感じて、ついに合衆国の独立を成就したのである。

(以上は過去の事だが、)さらに今日〔十九世紀中期以後〕、西洋の学者が、口々に新説を唱えて、人々を文明に導く様を見ても同様だ。その目的は、古人が作りあげて、もはや反対の余地のないような通説に、あえて反対論を提出することである。世間共通の常識で、だれも疑えぬような習慣に、新しい疑問を起こすことにほかならない。たとえば、従来の社会では、男性は戸外の勤務に従事し、女性は家内の仕事に当たるものとして、その関係は、ほとんど天から決められた法則のように信ぜられていた。ところが近年*スチュアート・ミルは、婦人論を著わして、古今不変、動かすべからざるごときこの習慣の打破を試みるに至った。また*イギリスの経済学者は、自由貿易論をとる者が多く、これを信ずる連中は、まるで世界共通の真理のように考えていた。けれども*アメリカの学者には、新たに保護貿易を唱えて、アメリカ独自の経済論を主張する者もある。

かように欧米の社会では、一方で、ある議論が起こると、すぐ続いて別の議論が飛び出すという風で、異論続出、論争の絶える時がない。アジア諸国の人民が、いい加減な間違いだらけの旧説をそのまま信じて、いつまでも怪しげな祈禱《きとう》まじないや、神仏の迷信から脱却できぬのとはたいへんな相違だ。またアジア人が古《いにしえ》のいわゆる聖人賢人の言葉に感心して、その当時の人が共鳴したばかりか、はるか後世まで、その説の枠《わく》外に出られぬのを見ても、西洋人と比べて、その見識の優劣、気概の強弱は、東西もとより比較にならぬであろう。

真理探究の苦難

議論百出の間にあって、物事の真理を探求するのは、ちょうど逆風に向かって、舟を進めるようなものだ。逆風に向かう舟は、あるいは航路を右にとり、あるいは左に転じ、波とぶつかり、風にさからって進まねばならぬ。数十里、数百里の海路を進んだつもりでも、その直線距離は、わずか三里か五里進行し得たにすぎない(われわれが真理を求める苦労も、これと同様である。否、それどころではない)。航海には、時として順風に遭う便宜もあるが、人間社会の事柄は、決してそんな順調な時は期待できない。社会に進歩をもたらし、真理に到達するには、ただ議論百出の間を乗り切って、(自己の信ずる道を)勇往邁進《まいしん》するよりほかはない。しかもそうしたいろいろな議論が生まれるのも、やはり人々が物事に疑いをいだく精神が根本となっているのだ。冒頭に、「疑問をもつ社会には真理が発達する」といったのは、この意味である。

信疑取捨の必要

しかしながら、既存の事実を軽々しく信用してはならぬことが正しいとしても、その半面、あまりに軽々しく疑うことも慎まねばならぬ。何を信じ、何を疑うべきかの分界について、はっきりした選択の判断力が必要である。学問で大事なのは、結局この判断力を養うことにほかならぬであろう。

わが日本も、開国以来、にわかに人心の変動を生じ、幕府を廃して、新政府を作り、大名をなくした。そして学校を建て、新聞社を興し、その他、やれ鉄道だ、軍備だ、工業だなどと、あらゆる事柄が、旧態を一新した。これはいずれも、永い間の日本のしきたりに疑問をいだき、その改革を企てて、成功したものといえよう。けれども、はじめ日本人の精神が、これらの習慣に疑問をいだくに至った原因を考えてみると、はじめて国を開いて、西洋諸国と交わるに及んで、西洋文明のありさまのあまりに進んでいるのにすっかり惚《ほ》れこんだためである。そこで、急にその真似《まね》をする気になり、日本伝来の習慣に疑いをもつようになったものだ（結局偶然外部から刺激された疑問にすぎない）。それは、国民自身の知恵から生まれた、根深い疑問とはいえない。いわば、昔の伝統・習慣を無自覚に信じこんできたと同じ頭で、新しい西洋文明を信じこんでいるにすぎないのだ。昔は、日本人の精神が、一から十まで東洋万能だったのが、今日は百八十度転回して、西洋一辺倒に傾いてしまった格好である。西洋文明の何を信じ、何を疑うべきか、取捨選択に至っては、はたして正当な判断力があるかどうか、必ずしも保証できない。

私自身も、学問経験が乏しいので、西洋から何を学び、何を学ぶべからざるか、一々その適否を判別して、具体的に指摘できぬのは、面目ない次第である。が、ひそかに世間の激しい移り変わり全体を見ていると、国民の精神が、今日の大きな時代の流れに圧倒され過ぎているようだ。西洋文明をあまりにも軽率に信じこみ、東洋文明をあまりにも疑い深く排斥しているように思われる。信ずべきことも、疑うべきことも、ともに適当な限界を見失っているのは確かである。そこで次に、その事を述べてみたい。

西洋を軽信すべからず

東洋と西洋では、人民の風俗も違い、人情も変わっている。何千年何百年の昔から、それぞれの国に行なわれてきた習慣は、たとい一方の国の方が優れていると分かっていても、すぐさまその国からこっちの国に乗り換えられぬ事情がある。まして、どっちがいいか悪いか、まだはっきりせぬ場合は、なおさらであろう。外国の風俗習慣を採用するには、よほど慎重に考えて、ながい間次第に研究を積んだ上で、取捨選択を判断せねばならぬ。

ところが、近ごろ世間の様子を見ていると、およそ中流階級以上の進歩派をもって任ずる連中や、文明主義者と名のる先生たちは、二こと目には、西洋文明の長所ばかりを宣伝する。一人がこれを礼賛すれば、他の者が一斉《いっせい》に調子を合わせるというありさまだ。そのため、学問・道徳の教えはもちろん、政治・経済から、日常生活のすみずみに至るまで、一切合切《がっさい》、西洋風を理想として、その真似《まね》をせぬものはない。(中流以上のインテリばかりでなく、)西洋の事情など、片はしも知らぬ連中まで、ひたすら日本の古いしきたりを捨てて、西洋の流行を追うのに夢中なように見える。これでは、あまりに異国の文明を信ずることが軽々しきに過ぎ、自国の伝統を疑うことが軽率に失するではないか。

西洋も万全ならず

西洋の文明は、もちろん日本より幾段か優れているに相違なかろう。しかし決して完全無欠なものではない。その欠点をいえば、数えきれぬくらいある。西洋の風俗が、全部信用できるものでもなければ、日本の習慣が、全部疑わしいものでもない（だから、両方の長所・短所をよく比較して、取捨せねば、飛んだ間違いになろう）。

たとえばここに一人の若者があって、たまたまある学者先生を知り、これを崇拝したとしよう。崇拝のあまり、万事先生の真似をしようというので、急に了見を入れかえたとする。本を買いこみ、筆墨の類を整えて、毎日毎晩、机に向かって勉強するのは、もとより悪いことではない。感心な心がけといってよかろう。しかしながら、この若者が、先生の生活を真似するあまり、先生が夜おそくまで話しこんで、朝寝坊する癖までも真似し、ついにからだをこわすようなことにでもなったら、はたしてこれが利口な人間といえようか。この若者は、先生を完全無欠な学者と思いこみ、その生活態度のよしあしをも考えず、一から十までその真似をしようとして、失敗したのである。中国の昔の諺《ことわざ》に、「西施《*せいし》の顰《ひそ》みに倣《なら》う」（美人西施のしかめっ面《つら》を、天下無数の女性が真似したのは、愚の骨頂だ」という言葉がある。美人のしかめっ面には、自然と風情もあったろうから、ほかの女性が真似したのももっともで、深くとがめるにも当たらないが、学者先生の朝寝坊には何の風情があろうか。寝坊は、あくまで寝坊以外のなにものでもなく、先生の自堕落、不摂生の悪癖にすぎない。一人の人間を尊敬するあまり、その悪い癖まで真似るとは、実に馬鹿げたことではないか(われわれが西洋文明を学ぶにも、同様の用心が必要である)。

ところが、今日世間で進歩派を名のる連中には、この若者と同様の無定見な先生がはなはだ少なくない。そこで今、日本と西洋の風俗習慣があべこべだったと仮定して、右の先生の評を求め、(はたして何と言うか、)その批評のことばを想像して、記してみよう。

西洋心酔者のこじつけ

もしも西洋人が毎日風呂に入って、日本人はわずか月一、二回しか入らなかったならば、批評家先生は何と言うか、おそらくこう言うであろう。「文明開化の西洋人は、しばしば入浴して、皮膚の蒸発を盛んにし、保健の法を心がけるが、文明の後れた日本人は、この道理を知らぬ」と。またもし日本人が寝室に尿瓶《しびん》を備えて、夜間これに小便をしたり、あるいは便所に行っても、手を洗わないとする。これに反して、西洋人は夜でも起きて便所に行き、しかもどんな事情があっても、必ず手を洗う習慣があったならば、先生はこれを評して言うであろう。「文明の西洋人は、清潔を重んずる風があるが、野蛮な日本人は、不潔の何たるかをわきまえない。ちょうど子供の知識がまだ幼稚で、奇麗・汚いの区別がつかぬようなものだ。将来日本人もだんだん進歩して、文明の状態に達したならば、やがては西洋人の良い習慣を真似るようにもなるだろう」と。また西洋人が洟《はな》をかむのに、その都度《つど》紙を使って、すぐこれを捨て、日本人が紙の代わりにハンケチで洟をかんで、洗濯《せんたく》してはまた使うという風だったならば、どうだろう。先生はさっそく自分の思いつきから、この些細《ささい》な事実を国家経済の問題に結びつけ、こじつけていうであろう。「資材に乏しい日本のような国の人民は、みずから意識せずに、自然倹約を守るようになるものだ。もしも日本全国の人民が、西洋人のように鼻紙を使ったならば、日本の資源の若干を無駄《むだ》使いするようになったろう。日本人が不潔を忍んで、ハンケチを代用するのは、資材の乏しい余儀なさから、自然と倹約するようになったのだ」と。

また日本の女性が耳にイヤ・リングをぶらさげ、下腹にコルセットをはめて、身なりを飾る習慣があったとしたら、先生は生理学の一端をかつぎ出して、非難するであろう。「野蛮な日本人にも困ったものだ。天理をわきまえ、人間自然の道に従おうともせぬのみか、わざわざ肉体に傷をつけ、耳に品物をぶら下げるとは、野蛮もはなはだしい。まして女のからだで最も重要な下腹部をしばって、蜂《はち》の腰のように細くし、妊娠の機能を妨げて、出産の危険を増すとは、何たる馬鹿なことだ。そのわざわいは、これを小にしては、家庭の不幸を招き、これを大にしては、全国の人口発展の源をそこなうものではないか」というにちがいない。

またもし西洋では、家の内外に錠《じょう》をかけることが少なく、あるいは旅中に人足を雇って荷物をかつがせる時、その行李《こうり》にしっかりした錠前をかけなくても、めったに盗難がないとしよう。さらに西洋では、大工や左官などの職人に工事を請け負わせる場合に、こまかな契約書を取りかわさなくても、あとになって、その契約について、裁判ざたなどの起こることがまれだとしよう。これに反して、日本人は家の一室ごとに厳重な締まりをして、身近な手箱にまで錠をおろす。職人に工事を請け負わせる契約書などには、一字一句の末までやかましく文章にして取りかわす。それでもやっぱり物を盗まれたり、契約違反で裁判ざたになったりすることが多いとしよう。批評家先生はまた慨嘆していうであろう。「さすがにキリスト教はありがたい。気の毒なのは、異教徒の人民どもだ。日本人などは、まるで泥坊といっしょに住んでいるようなものだ。これを西洋諸国の自由正直な風俗に比べれば、てんで比べものにならない。実にキリスト教国こそ、道に落ちているものさえ盗まれない、道徳の行き届いた社会というべきだ」と。

そのほか、もしも日本人が嚙《か》み煙草《たばこ》を用い、巻き煙草をふかして、西洋人がキセルを使うならば、「日本人は器械の技術が幼稚で、キセルを発明することすら知らぬ」というであろう。日本人が靴《くつ》をはいて、西洋人が下駄《げた》をはく習慣だったら、「日本人は足の指の働きも知らぬ」というかもしれない。(食品にしても)味噌《みそ》が西洋伝来の食料だったら、それほど安っぽくは扱われぬであろうし、豆腐も西洋料理に使われるものだったら、もう一段値打ちが出るにちがいない。いわんや、鰻《うなぎ》の樺焼《かばやき》や茶碗蒸《ちゃわんむし》などに至っては、世界第一、天下無類の御馳走という好評を博すること疑いない。こうした例を数えれば、きりもないであろう。

東西宗教の優劣

もう少し話を高等な問題に移して、東西の宗教について比較してみよう。仮に四百年前に、西洋に*親鸞《しんらん》上人が生まれ、日本に*マルチン・ルーテルが生まれたとしよう。そうして、親鸞は西洋に行なわれていた古い仏教を改革して、浄土真宗をひろめ、ルーテルは日本のローマ旧教に反対して、新教を開いたと仮定したなら、おそらく批評家先生は、これを評して、次のようにいうにちがいない。

「宗教の目的は、人類を救済することで、人を殺すことではない。かりにも宗教が、この目的にそむいて、人殺しなどしたら、そのほか(の教義のよしあしなど)は論ずるに足らぬ。西洋の親鸞上人は、よくこの宗教の精神を体し、樹下石上を宿として、全国を行脚《あんぎゃ》し、苦心惨憺《さんたん》、生涯の力を傾けて、ついに西洋の宗教を改革した。今日では、全国民の半分以上は、上人の教えに帰依《きえ》している。その感化の大きなことは、まさにかくの如くであるが、上人の死後、その信者たちが、宗教のことで、他の宗派の者を殺したこともなければ、殺されたためしもない。これは上人が真に宗教の徳をもって、人々を感化した結果といえよう。

ひるがえって、日本のありさまはどうか。ルーテルがはじめて現われて、ローマ旧教に反対したが、旧教徒はなかなか降参しなかった。いわば旧教は虎《とら》のごとく、新教は狼《おおかみ》のごとく、両者猛烈な闘争を展開し、流血の死闘をくり返した。ルーテルの死後も、宗教のため、日本の人民が殺され、日本の財貨を失い、いくさを起こし、国を滅ぼしたその悲惨さは、筆にも口にも尽くされない。あさましいことに、野蛮な日本人は、人間を救うべき宗教をもって、社会大衆を非常な苦難におとしいれたのだ。『汝の敵を愛せよ』という宗教によって、かえって罪もない同じ人類を殺してしまった。

しかも今日、その結果はどうかといえば、ルーテルの新教は、まだ日本の人民の半分も感化できぬというではないか。東西の宗教のありさまは、これほどの相違がある。わが輩はこの点について、久しく疑問を抱いているが、まだその原因の確かな事はつかめない。思うに、日本のキリスト教も、西洋の仏教も、その本質は同様でも、野蛮な日本に行なわれると、自然国民の間に残酷の気分を生じ、文明の進んだ西洋に流行すれば、おのずと社会に穏やかな気風が保たれるため、こうした結果になったものか。または、東洋のキリスト教と、西洋の仏教とは、最初からその本質が違うためか。それとも、宗教改革の元祖である日本のルーテルと、西洋の親鸞上人とが、その人格の上に優劣のあったのが原因だろうか。そのいずれかは、深くきわめぬうちは、軽率な判断は下し難い。後世の学者の確実な説明を期待する」と言うであろう。

信疑取捨は学徒の責任

（以上のようなわけで、批評家先生のいうことなど、いっこう当てになったものではない。）この調子だと、今のいわゆる進歩主義者たちが、いたずらに日本の古風をきらい、西洋の新事物を信用するのも、その信疑の態度は、あまりに軽率の非難を免れぬであろう。これまで日本の旧弊を盲信してきたと同じ態度で、西洋の新風を盲信しているのだ。西洋の文明を慕うあまりに、西洋人の欠点をも真似るものといわねばならぬ。なおはなはだしきに至っては、信ずべき新しい主義も探り得ぬうちに、古い文明を捨て去って、もぬけの殻《から》のようになり、精神の安定を失って発狂するものさえ出てきた始末である。気の毒千万なことではあるまいか。医者の話では、近ごろはノイローゼや気違いの病人が多いということだ。

そこで、西洋の文明は、もちろん学ぶべきである。これを学び、これに倣《なら》うに時間の足らぬのを嘆くほどだ。だが、無批判にこれを信ずるくらいなら、むしろあたまから信ぜぬ方がましであろう。たとえば、西洋の富国強兵は、まことにうらやむべき限りだが、西洋人の貧富不平等のはなはだしさまで真似てはならぬ。日本の百姓の租税は、必ずしも軽いとはいえないが、イギリスの小百姓が地主にいじめられる苦痛を思えば、まだしも日本の百姓の方が幸福だといわねばならぬ。西洋諸国で、女性が尊敬されるのは、人間社会の美風に相違ないが、その半面、ろくでもない細君がむやみにのさばって、亭主をてこずらせ、わがままな娘が両親を馬鹿にして、不しだらな事を平気でやる風俗にまでかぶれてはいけない。そこで、(一から十まで西洋を模倣するのではなく、)今の日本に行なわれている事柄が、はたして今のままで適当かどうか、よくよく西洋と比較して、取捨選択する必要があろう。たとえば、営利会社のやり方は、今のままでいいかどうか、政府の仕組みも今のままでいいかどうか、教育の制度も、書物のあり方も、このままでいいかどうか、さらにわれわれの学問の方法も、今日のようなやり方でいいかどうか、そう考えてくると、いろいろな疑問が続出して、ほとんど暗がりに物をさがすような気がするではないか。

この雑然たる思想混乱の社会に処して、よく東西両洋の文明を比較し、両者の信ずべき点を信じ、疑うべき点を疑い、取るべきは取り、捨てるべきは捨てて、信疑取捨、ともにその道を誤らぬことは、実にむずかしいことである。しかも今、この重大な責任を担いうるものは誰か。ただわれわれお互い学徒以外に、その人はあるまい。学問に志す者は、その責任を自覚せねばならぬ。

それには、ただ机の上で思索しているだけでは駄目《だめ》だ。（いろいろな事柄にぶつかって）実地に学び取ることが大切だ。多くの本を読み、多くの事実を体験し、冷静公平に、鋭い注意を働かせて、常に真理の追求を続けなければならぬ。そうすれば、今までの信疑が逆になって、昨日まで信じていたことが、今日は大きな疑問となり、今日の疑問が、明日はたちまち解決することもあるだろう。学問に志す者は、（かえすがえすも真理を求めて）奮励努力すべきである。

ガルヴァニ　十八世紀のイタリアの生物学者。偶然殺した蛙《かえる》の脚《あし》にメスの触れた時、その脚が痙攣《けいれん》したことから動物電気の理を発見し、後世の電気学の発達を促した。

トーマス・クラークスン　十八世紀後半から十九世紀前半にかけてのイギリス人。英国が新大陸アメリカをはじめ、自国の植民地にアフリカの黒人を多く奴隷に売り込むのを非人道とし、周囲の迫害に屈せず、一八〇七年奴隷貿易禁止法を英国議会で通過させた。その後他の文明国もこれに倣うに至る。

スチュアート・ミル　十九世紀中期のイギリスの自由思想家。一八六九年(明治二年)に著わした『婦人の隷従』は画期的な女性解放論で、女性の参政権や職業の自由などを主張し、日本にも多くの影響を与えた。

イギリスの経済学者　十八世紀のイギリスの学者アダム・スミスは、経済学の祖といわれ、もっぱら自由貿易主義を唱えた。

アメリカの学者　アメリカはイギリスより経済上、後進国だったので、関税政策で英国品の輸入を押え、国内産業を育成する必要上、一八二〇年代から、アメリカの学者の間には保護貿易論が盛んとなった。

西施の顰みに倣う　西施は中国古代の美人で、かつて心《むね》を病み、顔をしかめていたのを、他の醜女たちが真似て物笑いとなった。その故事から、他人の欠点を真似ることを「顰みに倣う」という。

親鸞上人　十三世紀鎌倉時代の高僧。浄土真宗を開き、庶民の間に信仰を広めた。死後、京都に本願寺が建てられ、真宗の本山となる。日本の仏教諸宗のうち、最も信者が多い。

マルチン・ルーテル　ルターともいう。ドイツの宗教家。十六世紀の初め新教を開き、宗教改革を行なう。その後、十六世紀後半から十七世紀前半まで、欧州全土に大規模な新旧両教の宗教戦争が続いた。

十六編（明治九年八月）

手近く独立を守ること（心の戸締まりに御用心）

大切な精神の独立

自由独立という文句を近ごろ世間でよく聞くけれども、世人の考えには随分誤解もあるものだから、読者諸君はその意味をよく考えなければならぬ。

そもそも独立には二つの種類がある。一つは物質的独立であり、他の一つは精神的独立である。わかりやすくいえば、品物に関する独立と、心の独立と、二つの区別がある。

品物に関する独立とは、人々がめいめい一家を営み、家業に精出して、他人の厄介にならぬよう、一身一家の処置をすることである。一口にいえば、人に物をもらわぬということだ。

だから、品物に関する独立は、だれにも見やすくわかりやすい。しかし目に見えぬ心の独立の方は、その意味が深く、関係する範囲が広い。一見独立の意味とは無関係のような事柄でも、その精神と関係があって、人々の気づかぬことが多いものだ。卑近な一例をあげて説明しよう。

物質の奴隷となるなかれ

「一杯の酒は人が飲むが、三杯の酒は人を飲む」という諺《ことわざ》がある。その意味は、酒への執着が人間の精神を支配して、精神の独立を失わせるということだ。ところが世間の様子を見ると、人間の精神を支配する物は酒だけではない。いろいろ支配する物があって、それが精神の独立を妨げている場合がすこぶる多い。たとえば、この着物には釣り合わぬからとて、余計な羽織を作り、この衣裳に不似合いだとて、新しい煙草入れを買い求める。すっかり衣服が整えば、次は住宅の狭いのが不自由となり、住宅の新築が出来あがれば、新宅祝いの宴会も開かねばならぬ。口が奢《おご》って、鰻飯《うなぎめし》を食うようになれば、さらに西洋料理が食いたくなる。西洋料理を食う身分になれば、金時計がほしくなる。それからそれへと気が移り、一の欲から十の欲へと発展して、際限がない。そのありさまは、一家の内に主人がなく、一身の内に精神がないようなものだ。いわば品物の力が人間を引っ張ってその品物を求めさせ、人間は品物の支配を受けて、その奴隷となったも同然である。

隣の花を羨《うらや》むなかれ

なおそればかりではない。前の例は、品物の奴隷となるにしても、相手は自分の品物だから、一身一家の内だけの話だが、さらに他人の品物に支配される場合がある。たとえば、人がこんな洋服を作ったから、自分もそれを作るのだとか、隣の家が二階を建てたから、こちらは三階を建てるとかいうのがそれだ。友人の品物が自分の買い物の見本になり、同僚のする噂話《うわさばなし》を聞いて、自分の注文品の腹づもりをすることにもなる。色の黒い大の男が、節くれ立った指に金の指輪をはめるのは少々不似合いと自分も知りながら、これも西洋人の風俗だと、わざわざ了見を入れかえて銭を奮発する。真夏の夕方、一風呂《ひとふろ》浴びたあとは、浴衣《ゆかた》がけに団扇《うちわ》が快適とは思いながら、やはり西洋人の真似をして、我慢してセビロの服に汗をかく。ひたすら他人の趣味におくれまいと骨折るばかりである。

だが、他人の趣味を真似るのはまだよい方だ。最も滑稽《こっけい》なのは、他人の持ち物を買いかぶって、ひどい目にあうことがある。隣の奥さんが御召縮緬《おめしちりめん》を着て、純金の簪《かんざし》をさしていると聞いて、気が気ではなく、急に自分も思い立って注文する。ところが、あとで調べて見れば、あに計らんや、隣の奥さんのは、綿《めん》縮緬にメッキの簪だったという話がある。こうなると、自分の精神を支配するものは、自分の品でもなければ、他人の品でもない。煙のようなはかない幻想に惑わされたもので、一身一家の所帯は、まったく幻想の往来に左右されているといわねばならぬ。精神の独立とは随分の距離があるではないか。めいめいどのくらいの距離があるかは、自己批判してみたらよかろう。

浪費生活の末路

こんな無方針きわまる世渡りに心身を労していれば、たとい年千円の収入があっても、月百円の高給を取っていても、跡形もなく消えてしまう。不幸にして財産をなくし、収入の道を失うか、失業して月給と縁が切れれば、呆然《ぼうぜん》自失、家に残るものは、買いこんだ無用の品ばかりで、身についたものは、贅沢《ぜいたく》の習慣だけにすぎない。哀れというもおろかなりではないか。財産を作るのは、生計独立のためだとして、苦労の末、一応目的を達しながら、さてその財産運営の段になって、かえって品物のために振り回されて、大事な精神の独立を失ってしまう。いわば独立の手段として獲得した金銭のために、独立の目的を奪われた形である。あえて金銭万能のけちん坊のやり口をほめるわけではないが、くれぐれも金銭を運用する方法をよく研究してもらいたい。金銭を支配して、金銭に支配されず、精神の独立を害されぬことを切望するゆえんである。

心事と働きと相当すべきの論(汝自らを知れ)

言行一致の困難

議論と実行とは相応せねばならぬとは、普通世人の口にするところである。だが、それも結局口先だけの議論にとどまって、言行一致を真に実現する者は非常に少ない。そもそも議論とは、心に思うことを言葉に発し、また文章に書くものである。言葉や文章に表現せぬ間は、その人の主義とか、信念とかの範囲にとどまる。そこで議論は、行動とは関係なく、もっぱら主義・信念に属するといえよう。したがって、議論は自由で、制限のないものだ。これに反して、実行とは心に思うことを表に現わし、外物に接して対処することである。そのため、実行にはおのずから限界があり、外物に支配されて、自由にふるまえぬものだ。古人はこの両者を区別して「言」と「行」と言い、「志」と「功」ともいった。今日の世間では、〝言論〟と〝行動〟といってもよかろう。

言行が食い違うというのは、その人の議論と実行との歩調が揃《そろ》わぬことである。古語〔孟子〕に「功〔事業〕に食《は》ましめて、志〔アイデア〕に食ましめず」という文句がある。これは、「実地の活動によって報酬を与えるべきで、どんな名案でも、目に見えぬアイデアには、報酬を与える価値がない」という意味である。また世間で、「あの男は、意見はともあれ、行動力のない人物だ」といって軽蔑《けいべつ》することがある。いずれも議論と実行との一致せぬのを評したものである。

そこで、議論と実行とは少しも食い違わぬよう、調和を保たねばならぬ。以下、初学の人にわかり易いように、人の〝理想〟と〝活動〟という二つの言葉を用いよう。そして両者が歩調を揃えてバランスを保てば人間に益があり、バランスを失えば弊害があることを論じてみよう。

行動活発で見識なき人

第一に、人の活動には大小・軽重の別がある。芝居も人の活動であり、学問も人の活動である。人力車を引くのも、汽船を動かすのも、鍬《くわ》を持って農業をするのも、筆を執って本を書くのも、みな人間の活動である。けれども、役者とならずに学者となり、人力車夫にならずに航海術を学び、百姓仕事に満足せずに著作に従事するのは、みな活動の大小・軽重を判断して、軽小を捨て、重大を選んだものだ。まさしく人間として見あげた振舞いといわねばならぬ。かかる判断をさせたものは何かといえば、その人の精神であり、思想である。こういう精神を持った人を、理想の高い人物というのである。そこで、人間の理想は高くなければならぬ。理想が高くなければ、その活動も高尚ではあり得ない。

第二に、人の仕事の難易は、必ずしもその仕事の社会的効用の大小とは比例せぬ場合がある。たとえば囲碁・将棋などの技芸も、決してやさしいことではない。それらの技芸を研究して工夫をこらすことのむずかしさは、天文・地理・機械・数学などの学問に劣るまい。けれども、社会に貢献することの大小に至っては、もとより比較にならぬ。この仕事の有用・無用を見定めて、有用の仕事を選ぶのは、判断力のしっかりした人物である。判断力がしっかりしていないと、人間の仕事は、せっかく骨を折っても、効果の乏しいものに終わってしまう。

第三に、人間の活動には、一定の制限が必要である。つまり活動するにも、時と場所を考えなければならぬ。たとえば、道徳教育は有意義に違いないが、宴会の最中、出しぬけにお説教し出したら、笑いものになるばかりであろう。学生の討論も時には結構だが、親戚《しんせき》や女子供の打ちとけた集まりで討論会を始めたら、気違いざたというほかはない。時と場所を考えて、行動を規制するものは、その人の明晰《めいせき》な判断力である。行動力ばかり活発で、判断力の欠けた人間は、いわば蒸気にエンジンがなく、船に舵《かじ》がないようなものだ。世に益がないばかりか、かえってその活動は危険を招くことが多い。

見識高くて実行力なき人

第四に、これまでは、活動力があり余って、判断力の足らぬ人の弊をあげたのだが、それとは逆に、理想ばかり高くて、実行力がない人間も困りものである。理想ばかり高くて活動力の乏しいものは、常に不平をいだかざるを得ない。そういう人は、世間を見渡して自分の仕事を選ぶとなると、自分の手におえそうな仕事は、皆自分の頭脳以下のつまらぬ事ばかりだから、そんなものをやる気にはなれない。さりとて、自分の本当にしたい事をするには活動力が乏しいので、実行できぬ。そこでその責任を自分の罪に帰せず、かえって世間を恨む。時勢がよくないとか、運が悪いとかいって、広い天地の間に自分の果たす使命がないかのように思いこみ、ひとりひそかに煩悶《はんもん》するばかりだ。あるいは愚痴をこぼし、あるいは不平の顔色を表わし、まるで周囲はみな敵で、天下の人はすべて自分に不親切なように考える。その不平だらけの心中をたとえれば、少しも人に金を貸したこともないくせに、返金の遅いのを恨むようなものだ。学者は自分を認める者のないのを恨み、学生は自分を援助してくれる者のないのを恨み、役人は出世の手づるのないのを恨み、町人は商売の繁昌しないのを恨む。廃藩後の士族は、生活の道がないのを恨み、役職のない華族は、人から尊敬されぬのを恨み、明けても暮れても不満だらけで、心の楽しむことがない。今日の世間には、こういう不平家が実に多いようだ。

その証拠には、われわれがふだん接触する人の顔色を観察すればよくわかる。言語や容貌が活発で、幸福感が面《おもて》にあふれているような人間は、世間でめったに見当たらぬであろう。私の経験では、心配そうな人間ばかりで、愉快そうな人間を見たことがない。その御面相を拝借したなら、おくやみに向きそうな不景気な顔ばかりだ。気の毒千万なことではあるまいか。もしこれらの人々が自己の実行力に応じた仕事に精進したなら、自然と活発に仕事をする喜びを体得し、だんだん仕事の能力も進むであろう。そしてやがては、自己の頭脳と実行力とが完全に一致するところまで到達できるであろう。世の不平家たちは、少しもこの点に心付かず、実行力は一しかないのに、見識だけは十の段階にお高くとまっている。一の力で十の地位を望み、十の力で百のポストを求める。それがままならぬとて、いたずらに不平を鳴らすばかりだ。いわば動かぬ石の地蔵さんのからだに、走り回る飛脚の魂を吹きこんだも同然、または脳出血で寝たままの患者の神経だけが過敏になったようなものである。そこにイライラの気分が生ずるのは当然であろう。

孤独に陥るなかれ

また理想が高くて実行力の乏しい人間は、他人から嫌《きら》われて、孤立することがある。自分の活動力を他人のそれに比べれば、もとより及ぶところではないが、自分のあたまで他人の活動を見れば、満足できないから、心中ひそかに軽蔑《けいべつ》の念をいだかざるを得ない。みだりに人を軽蔑すれば、当然相手からも軽蔑される。互いに不満と軽蔑をいだき合えば、結局、あいつは変わり者だとレッテルを張られて、馬鹿にされ、世間から相手にされぬようになってしまう。今日世上を見ると、高慢で人から嫌われる者があり、負け惜しみが強くていやがられる者がある。人にあまり注文をつけ過ぎて嫌われる者があり、人の悪口ばかり言っていやがられる者もある。いずれも他人を見るのに、比較の標準を誤ったものだ。つまり、自分のむやみに高い理想を標準として、これと他人の実績とを対照する。その際、自分勝手なビジョンを描いて、(他人に過大な理想像を期待する結果。）それが人から嫌われる原因となるのである。そして、ついにはみずから世間に遠ざかって、孤立無援の不幸に陥ってしまうのだ。

まずみずから試みるべし

そこで後輩の青年諸君に少しく忠告したい。他人の仕事を見て気に入らなければ、みずからその事に当たって体験してみるがよい。他人の商売を見てまずいと思ったら、自分でその商売をしてみるがよい。隣の家の所帯が不行き届きだと思ったら、自分の家で試してみるがよい。他人の著書を批評するには、自分も筆を執って本を書くがよい。学者を評するには学者となり、医者を評するには医者となってみることだ。事の大小を問わず、いやしくも人の仕事を批判したければ、ためしに自分をその地位に移して、自分で自分を観察すべきである。もしも批判の対象が、自分の職業とまったく無縁の場合は、その仕事の性質の難易・軽重をよく推し測って、たといそれが自分に経験のない仕事でも、自分の職業上の実績と相手のそれとを比較対照することだ。そうすれば、ほぼ妥当な批判がくだせるに違いない。

十七編（明治九年十一月）

人望論（信用の必要と社交の心得）

信用第一の世の中

多くの人の一致した観察で、「あの男は確かな人物だ。たのもしい人間だ。この処理を依頼しても必ず間違いなかろう。この仕事を任せてもきっと成功するに相違ない」と、あらかじめ人柄を見込まれて、世間一般から目をつけられる人物がある。それを世間に信用のある人物というのである。人間社会に、信用の大小・軽重はあるが、いやしくも世間から信用される人物でなければ、なんの役にも立たない。

小さな例でいえば、十銭の銭を持たせて町内の走り使いをさせる男でも、十銭ぶんだけの信用があって、十銭ぶんだけは人から当てにされる人柄なのだ。これを大にして、十銭よりは一円、一円よりは千円万円と、人によって信用の度合いが違う。幾百万円の資本金のある銀行の支配人や、大きな役所の長官ともなれば、（国民から集めた）大金を預かるだけでなく、人民の便不便をも引き受け、多くの人の貧富・栄辱等の重大な運命にも責任を持つ者である。そうした重い責任の地位に立つ人間は、必ずふだんから世間の信用を得て、人から当てにされる人物である。そうでなければ、とても首尾よく役目を果たせるものではない。

逆に、人が当てにならぬということは、その人を疑うことにほかならない。人を疑い出したら、きりがなかろう。お目付け役を警戒するために、第二のお目付け役が必要となり、監査役を監視するために、別の監査役をおかねばならぬ。結局それはなんの取り締まりにもならず、いたずらにお互いを気まずくするだけだ。こういう馬鹿げた話は、古今に例がすこぶる多い。

反対に、世間の人は、*三井や大丸の呉服なら、正札を信用して間違いないというので、一々品質を検査もせずに買う。*曲亭馬琴の小説なら面白いにきまっていると、題名だけ聞いて注文する者も多い。そこで三井や大丸の店はますます繁昌し、馬琴の著作はいよいよ流行して、商売も著作もはなはだ儲《もう》かるわけだ。世間の信用を得ることの大切なのはこれでもわかるであろう。

今、十六貫目の物を背負える体力の人間に十六貫目の荷物を背負わせ、千円の財産のある者に千円の金を貸しつける場合は本人の信用も評判もいっこう考慮する必要はない。ただ本人の実力だけを当てにして、事は足りるわけだ。けれども世の中の現象は、そう簡単であっさりしたことばかりではない。時には、十貫目の荷物を持つ体力のない者でも(多くの人を使役して)、居ながらに数百万貫の物を運転することができる。千円の財産すらない者でも、(人の融資を受けて、)数十万円の大金を運用することができる。ためしに、富豪といわれる大商人の勘定場に乗りこんで、だしぬけに帳簿の調査をすれば、収支差し引きして、幾百千円の赤字となっているかも知れない。この赤字は、財産ゼロ以下のマイナスだから、無一文の乞食にもはるかに劣るわけだ。しかるに、世間がこれを乞食と同一視しないのはなぜかといえば、この商人には、世間の信用があるからにほかならない。そこでわかることは、世間の信用は、もちろん肉体の力によって得られるものでもなければ、財産のあるばかりで得られるものでもない。ただ本人の活発な才能と、良心の徳によって、不断に蓄積されるものなのだ。

藪医者《やぶいしゃ》の玄関

信用は当然その人の学識や人格に関するもので、必ずその人物と信用とは比例すべき道理である。だが、天下古今の実例を見ると、その反対の場合も少なくない。たとえば藪医者が堂々たる玄関構えで盛んに流行し、売薬屋が金看板で大いに売り広め、山師の会計室に空《から》っぽの金庫を備えつけ、学者の書斎に読めもせぬ洋書を飾る類いがそれである。人力車の上でむずかしい新聞をくり広げて、家に帰ると疲れて昼寝する紳士もある。日曜日の午後にはしおらしく教会に行って、懺悔《ざんげ》の涙にむせぶかと思うと、月曜日には、朝っぱらから夫婦喧嘩をはじめる者もある。広い世間には、本物と偽物《にせもの》が雑居し、玉石が混淆《こんこう》していて、どれが本物やら偽物やら、容易に見分けがつくものではない。それどころか、世間の人気の高いのが、かえって本人の眉唾《まゆつば》ものの証拠になる場合さえないではない。そこで多少見識ある人物の中には、世間に名声を求めず、時にはこれを俗世の虚名として、わざと避ける者があるのも無理からぬことだ。これも君子人たる者の心掛けとして感ずべきことであろう。

自己の正味《しょうみ》を知られる必要

しかし、およそ世の中のことは、極端な一面のみを見れば、弊害のないものはない。右の君子人が世間の名声を求めたがらぬのは、大いにほめるべきことのようだが、名声を求むべきか否かを決する前に、まずその名声の性質をよく考えてみなければならぬ。それがまったく極端な虚名で、かの藪医者の玄関や売薬屋の看板のような場合は、もとよりそれを遠ざけるのが当然である。

しかし社会の現象は、一から十まで虚名から成るものでもない。人間の学殖・人格は、ちょうど花をつける樹木のようなもので、名声はその木に咲いた花のようなものだ。花の咲く木を植えて、花が咲いたからとて、それをわざわざ嫌う道理はあるまい。名声の性質をもきわめずして、一概にこれを拒否するのは、花を払い落として、その木の存在を隠そうとするようなものではないか。隠したからとて、なんの効果もあるまい。生きて役立つものを、わざと殺してしまうようなものであろう。社会のためを考えても、大きな損失といわなければならぬ。

それでは名声人望は求めてしかるべきものかといえば、いかにも求むべきものだといいたい。ただそれを求めるには、自力相応のものでなければならぬ。わが心身の働きによって世間の信用を博するのは、ちょうど米を計って人に渡すようなものだ。升《ます》の取り扱いの上手な者は、一斗の米を一斗三合にふやして見せるが、下手な者は、九升七合にしか計り切れない。私の今いった自力相応とは、実質と少しの狂いもなく、一斗の米を一斗そのままに計って見せることである。

ところが、升の取り扱いには上手下手があっても、そこに生ずる差は、増えるにせよ減るにせよ、せいぜい二、三パーセントの開きにすぎない。けれども自分の才徳を人に示す場合は、その差は三パーセントぐらいにとどまるものではない。上手な者は、実質の二、三倍にも見せかけることができるし、下手な者は、半分しか値打ちの見せられぬこともあるだろう。あまり法外な掛値《かけね》をやる者は、世間に大きな害を与えてよろしくないが、それはしばらくおき、自分の値打ちを十分人に示し得ぬ人のために、以下少し述べてみたいと思う。

腐儒の引っ込み思案

孔子は、「君子は人の己れを知らざるを憂へず、人を知らざるを憂ふ（すぐれた人物は、他人から値打ちを認められぬのを嘆くことはない。ただ他のすぐれた人物を認めそこなうのを恐れるのみだ、という意）」（論語）といった。この教えは、その当時の社会に流行した弊害を矯《た》め直すためだったのだろうが、後世の無気力なくされ儒者どもは、この教えを馬鹿正直に信じこんで、引っ込み思案ばかりにうき身をやつすことになった。その弊害が募った結果は、人並外れたムッツリ屋・ダンマリ屋の変わり者となり、笑うことも泣くことも知らぬ木石のごとき人間となり果てたのだ。かかる人物を世間がまた尊敬して、「奥ゆかしい学者」などとほめそやすのは、およそ馬鹿げた話ではないか。日本人はこんなつまらぬ風習を脱して、活発な境地を求め、多くの事物に接して、広く世間と交わらねばならぬ。そうして他人をも認め、自分も認められ、わが身に備わった正真正銘の実力を発揮して、自己をも利し、社会をも益せねばならぬ。それにはどうしたらいいかといえば、次の箇条に留意すべきであろう。

弁舌を学ぶこと

第一には、言葉の勉強が大切である。文字に書いて意思を通ずるのもむろん有益な事で、文通や著述などの心掛けを怠ってはならぬことはいうまでもない。しかし、直接相手にぶつかって意思を伝えるには、なんといっても談話ほど有力なものはない。そこで言葉づかいはできるだけ流暢《りゅうちょう》で、活発でなければならぬ。近ごろは世間に演説会の催しがある。そこで有益な話を聞くのももとより意義があるが、それは話の内容が有益なだけではない。言葉そのものの流暢活発を会得するためにも、演説は弁士にとり、また聴衆にとって、大きい効果があるわけだ。

また現に口下手《くちべた》な人の話を聞いていると、いかにも言葉数が少なくて、不自由そうに見える。たとえば口下手な学校の教師が、翻訳書の講義などするのを聞いていると、「円い水晶の玉」と書いてあれば、わかり切ったことと思うためか、少しも説明を加えない。ただむずかしい顔つきで生徒を睨《にら》みつけ、「円い水晶の玉だ」と言うだけだ。しかし、もしこの教師が、口が達者で、話がうまく、「円いとは角がなくてお団子のようだということ、水晶とは山から掘り出すガラスのようなもので、甲州〔山梨県〕などから幾らも出るものです。だから、円い水晶の玉とは、この水晶でこしらえた、ゴロゴロする団子のような玉のことです」と説明したならば、女子供にも納得がゆくに違いない。この自由に使えるはずの言葉を用いず、不自由するのは、結局演説を勉強せぬ罪である。

世間の学生の中には、「日本語は不便で、文章にも演説にも不向きだ。英語を使い、英文を用いる方がいい」などと馬鹿なことを言う者もある。おそらくこの学生は、日本に生まれながら、まだ十分日本語を用いたこともない男なのだろう。国語というものは、その国の社会が複雑になるほど豊富になるもので、(日本語でも)決して不足はないはずだ。今日の日本人は、何よりも現代の日本語を十分使いこなして、弁舌の上達につとめなければならぬ。

顔つきを明るくすること

第二には、顔つきを明るくして、一見、人に不愉快な印象を与えぬことが大切である。肩をすくめてお世辞笑いをしたり、言葉たくみに、かたちを作って、あたかも幇《ほう》間《かん》が客の機嫌を取るような態度をすることはもとよりよくない。が、苦虫をかみつぶして、熊の胆《い》をなめたようなしかめっ面も、はなはだ困りものである。まるで黙っていれば得をし、笑えば損がゆくかのようだ。年中胸の痛みをなやむがごとく、一生両親の喪《も》に服しているような不景気な面つきを見るのは、まことに不愉快千万である。顔つきを明るく愉快に見せるのは、やはり人間のモラルの一条件で、社交上最も大切なことである。

人の顔色は、いわば家の門口のようなものだ。広く人に交わって自由に客を招き寄せるには、まず門口を開放して、玄関を掃除し、ともかくも人を来やすくさせることが肝要であろう。人に交わるのに、顔色をやわらげようともせず、かえって偽善者の風を学んで、わざとむずかしい顔つきを見せるのは、家の入口に骸骨《がいこつ》をぶら下げ、門の前に棺桶《かんおけ》をすえつけるようなものだ。だれが近づく者があろう。世界中でフランスは、文明の源泉と言われ、世界の知識集散の中心地と称されている。これもその理由は、(人々が社交を好み、)国民の挙動が活発軽快で、言語・容貌の親しみ易く近づき易いのが一大原因である。

人によっては、「言語・容貌は人々の生まれつきだから、努力したからとて、どう直るものでもない。そんな事を論じたとて、結局無益ではないか」という人もあろう。それももっともな言葉のようだが、人知発達の道理を考えれば、決してそうでないことがわかる。およそ人心の働きは、進めようとすれば進まぬものはない。それは、人間の肉体を働かせれば、必ず筋肉が強くなるのと同様だ。言語・容貌も人の心身の働きだから、(働かせれば必ず改善されるのに、)これを打っちゃっておいては発達するわけがない。古来日本の習慣に、この心身の働きを捨てて顧みる者がなかったのは不心得な話ではなかろうか。そこで私の希望するところは、「今日から気をつけて、特に言語・容貌を研究すべし」とまで大げさなことはいわないが、この働きを人間モラルの一要件と考え、なおざりにせず、常に念頭においてもらいたいと思う。

虚飾は交際の本色にあらず

また人によっては、こういうかもしれない。「容貌を愉快に見せるとは、うわべを飾ることではないか。うわべを飾るのが人間の交際に必要ならば、容貌顔色のみならず、衣服も飾り、飲食も飾り、気に入らぬ客をも招待して、身分不相応のもてなしをもせねばならぬ。万事虚飾をもって人に交わる弊を生ずるではないか」と。これも一理あるいいぶんのようだ。しかし虚飾に陥るのは社交の弊害の一面で、決して社交の本質ではない。物事の弊害は、ややもすれば、その本質にそむく場合が多い。「過ぎたるはなお及ばざるがごとし」(論語)というのも、弊害と本質との相反することをいったものであろう。たとえば、食物の目的は身体を養うにあるが、食い過ぎればかえって栄養を害するようなものだ。栄養は食物の本質であり、食い過ぎはその弊害である。弊害と本質とは相反するものといわねばならぬ。

そこで社交の目的も、人々が仲よくして、隠しだてをせぬことにある。虚飾に陥るのは決して社交の本質ではない。およそ世の中に、夫婦・親子ほど親しい者はない。世界中で最も親しい身内というべきものだ。この親しい身内の間を支配するものは、互いに相和して隔てのない純粋の真情だけではないか。うわべの虚飾を取り去って、はじめて最も親しい愛情が生まれるのである。そうだとすれば、すべて交際の親しみとは、隠しだてのないことで、虚飾とは相容れぬものである。私はもちろん現代の日本人に、「親子・夫婦の親しみをもって他人と交われ」とまでは要求しないが、ただその方向だけをいうのである。今世間で人を評するのに、「あの人は気軽な人だ、気のおけぬ人だ、遠慮のない人だ、さっぱりした人だ、男らしい人だ」などという。あるいは、「あの男はおしゃべりだけれども、調子がいい」とか、「騒々しいけれど、愉快な奴《やつ》だ」とか、「言葉数は少ないけれど、親切そうだ」とか、「無愛想だが、あっさりした人だ」とかいうこともある。これらはいずれも、(親子・夫婦など)肉親に対する交際を一般の社交にも及ぼして、うちとけて飾りけのない人物のことをいったものにほかならない。

交際を広く求めること

第三に、「道同じからざれば、相与《とも》に謀《はか》らず〔主義を異にする者とは、話し合っても意味がないとの意〕」（論語）という古人の言葉がある。世間ではまたこの教えを誤解して、学者は学者、医者は医者で、それぞれの領分にたてこもり、少しでも職業が違えば、近づこうとしない。同じ塾に学んだ親しい同窓生でも、社会に出てから一方が商人になり、一方が役人となれば、まったく無縁の存在となってしまう。時には睨《にら》み合う場合すらないではない。これはなんとも無分別な話ではないか。世間と交わるには、まず旧友を忘れてはならぬ。その上また新しい友人を作ることも大切だ。人間は互いに交際しなければ、意思の通ずるわけがない。意思が通じなければ、相手の人物を知ることもできぬ道理である。

世間の人々は、考えてもみるがいい。ふとした機会で遇《あ》った人と、生涯の親友になることもあるではないか。十人に出遇って、偶然一人の親友を得るとすれば、二十人なら二人を得る勘定であろう。大体人を知ったり知られたりするそもそもは、偶然によることが多い。顔を広くして人望や評判を高めるような問題はさておいても、世間に知り合いの多いことは、さしあたり便利ではないか。たとえば、先年東海道の宮の渡し〔熱田・桑名間の渡船〕に乗り合わせた人と、今日偶然銀座の街頭に出遇って、双方意外な便利を得ることもあろう。今年から出入りさせた八百屋が、来年奥州《おうしゅう》街道の宿屋で、腹痛の看病をしてくれぬとも限らない。世間には随分いろいろな人間がいるが、人類は鬼でもなければ蛇《じゃ》でもない。ことさら自分を害する敵は、めったにいるわけもないのである。おめず臆《おく》せず、心の中をさらけ出して、気軽にだれとでも付き合うがよろしい。

そこで交際を広くする第一は、心の窓をなるべく多方面に開放せねばならぬ。多能多芸を心がけ、一方面に傾かず、さまざまの角度から人に接することが肝心だ。あるいは学問を通じ、あるいは商売を通じて交わるのはもちろん、書画の友人もよければ、囲碁・将棋の仲間も結構。およそ下等な遊興の付き合いでない限りは、どんなことでも、友達との会合に有益な手段とならぬものはない。ずぶの芸無し猿ならば、ただ集まって飯を食ったり、茶を飲んだりするのもよかろう。も一つ下がって、血気盛んな連中は、腕押し・枕《まくら》引き・足相撲《ずもう》も、座興として親睦《しんぼく》を増すに違いない。腕押しと学問とは、まったく別世界のことで、席を同じくするに足らぬように見える。だが、世界の土地は広く、人間の交際は複雑多端なものだ〔窮屈な了見にとらわれず、度量を大にして交際せねばならぬ)。わずか数匹の鮒《ふな》が、狭い井戸の中を唯一の天地として暮らすのとは事情がいささか違うのである。人間と生まれながら、同じ人類を、わけもなく忌《い》み嫌《きら》うようなことがあってはなるまい。

三井や大丸　江戸時代以来の大呉服店。今の百貨店三越・大丸の前身。

曲亭馬琴　江戸末期の小説家滝沢馬琴。明治中期以降声価が下落したが、それ以前は文壇第一の作家と尊敬された。『南総里見八犬伝』を主著とする。

解　説

一　『学問のすすめ』の成り立ち

『学問のすすめ』は、福沢諭吉生涯の六十種に近い著書の中でも、彼の全盛期を代表する主著である。明治五年二月から九年十一月まで五年近くにわたり、一七編の小冊子として出版された。最初は初編一冊だけのつもりだったのが、意外に需要が多かったので、福沢は乗り気になって、二編・三編と書き続けることになったのである。最初刊行の動機は、明治四年福沢の提唱で、その郷里中津(現在の大分県中津市)に市学校と称する学校が設立されることになり、その地の青少年たちに読ませるため執筆したのを、同じことなら世間一般に読ませた方がいっそう有意義であろう、という周囲の勧めに従って公刊したものである。動機からいえば、半ば偶然の事情によるものであった。

明治四、五年といえば、廃藩置県と同時に文部省が創設され(四年)、ついでいわゆる学制頒布《はんぷ》が行なわれて(五年)、全国にはじめて小学校が設けられることになった時期である。明治の新教育制度の発足期であるが、当時まだそれに応ずるだけの教科書が間に合わなかったので、福沢のような知名学者の著訳書が利用された。『学問のすすめ』は、そうした時代の需要にこたえて、非常な流行を示したのである。各編約二十万部、一七編合わせて約四百万部売れたと伝えられるのでも、「明治のベスト・セラー」だったことは疑いない。

『学問のすすめ』以前の福沢の著作は、有名な『西洋事情』(慶応二―明治三年)をはじめ、大抵西洋の諸事情の単なる紹介か、原書の翻訳などを出なかった。『学問のすすめ』に至って、彼自身の思想を明白にうち出した評論書となったのである。もっとも一七編のうち、前半の八編あたりまでは、アメリカの学者・教育家フランシス・ウェーランド(Francis Wayland. 一七九六―一八六五)の著『修身論』(*The Elements of Moral Science*. 一八三五初版、一八六五改訂版)などの翻訳・翻案の部分が少なくない。『修身論』は、主としてアメリカ流の民主主義道徳を説いた本である。しかし福沢は、思想の根幹をそうした原書に仰ぎながら、それを巧みに日本の実情に当てはめて説いたので、全編ほとんど翻訳臭を感じさせない。応用の才の豊かさとともに、主体性の強さを思わせる。こうして『学問のすすめ』は、著者が単なる翻訳家・西洋紹介者の段階から、思想家・評論家に脱皮したことを示す点で画期的な意味をもつものといえよう。

二　『学問のすすめ』各編の内容

『学問のすすめ』は、各編おおむね主題を異にした独立の文章から成っているが、時には二編一つながりの場合もあり、また一編中に二つの独立した短文を含む場合もある。簡単にその内容を記そう。

初　編(明治五年二月)

この初編には、二編以下のような題名がない。それは、最初の予定がこの一冊だけで完結するつもりだったからである。

この編は、有名な「天は人の上に人を造らず、人の下に人を造らず」という文句から始まっている。これは西洋近代の啓蒙思潮の一環である自然権の思想、すなわち天《てん》賦《ぷ》人権思想(天はすべての人間に平等の権利を与えているという思想)を端的に表わした文句である。この新しい人間尊重の精神に立って、封建時代の人権無視・官尊民卑の弊風を痛論し、国民の自主独立の気風を喚起するのがこの編の主眼の一つとなっている。

しかし、ただ自由や平等だけを主張するのが趣旨ではない。人々の基本的人権は平等であるが、現実社会に賢愚・貴賤《きせん》・貧富の相違がはなはだしいのはなぜかといえば、それは学問の有無によるのだとして、学問の重要性を広く国民に教えた。これがすなわち『学問のすすめ』の書名の基づくゆえんである。封建時代には、士族以外の百姓町人は学問を重んぜず、無学文盲を恥としなかった。しかし、廃藩置県が断行され、四民平等の新社会が実現したのを機会に、福沢は国民皆教育をもって文明開化の最重要事としたのである。

ところで彼の奨励した学問は、旧時代の詩文・和漢学のような閑文字《かんもじ》や、特権階級の学問ではなく、あくまで一般国民の日常生活に直結する「実学」であった。これもまさに時代の要求に合致するものであった。ただし福沢の言う「実学」は、卑近な実用一点張りの学問だけではなく、〝実験実証の学〟、すなわち科学をも意味したことを見のがせない。それは古来の封建社会を支配した儒教的観念論の否定であり、近代西洋の進歩をもたらした合理主義・科学精神の奨励にほかならなかったのである。

さて福沢の自由平等の精神は、個人のみにとどまらず、当然国家の上にも適用せられねばならぬものであった。当時の東洋には、一つも強力な独立国家はなく、中国・インドのごとき大国さえ、西洋の侵略主義の犠牲となって、植民地ないし半植民地化の運命に甘んじなければならなかった。極東の一弱小国家にすぎぬ日本も、一歩を誤ければ、その二の舞を踏みかねない。福沢が一方に外国交際の必要を力説しながら、他方強烈なナショナリズムの精神に燃えて、国家独立の急務を唱え、国民の愛国心を鼓《こ》舞《ぶ》してやまなかったことはこの編にもよくうかがわれる。

最後にこの編の重要な思想は、国法尊重の精神である。人間は自由の権を有するが、権利の限界を知らなければ他人の自由を侵して、わがまま勝手に陥る。そこで福沢は、権利の限界を「分限」と名付け、国民はよく分限(自己の責任)を守って、他人に迷惑をかけぬよう、社会の風教を害せぬようにと警告した。また彼は、国民が無知文盲のため、たいせつな国法を破ることの非を戒め、全国民が学問に志し、徳義を進めることによって、おのずから政法の寛大な社会を実現すべきことを力説している。西洋法治国のモラルを教えたものにほかならない。

要するにこの初編は、福沢思想の根本をなす人権平等の精神、独立自尊の精神、実学の精神、国家独立の精神、順法の精神などを集約した観がある。いわば『学問のすすめ』全体の総論的地位を占めるものといえよう。二編以下に展開される議論を理解すべき鍵《かぎ》といっても過言ではない。但し、多くの内容を一短編に盛り込んだため、文章としての面白みは、二編以下にやや及ばぬようである。

二　編（明治六年十一月）

二編は、初編から約一年十カ月後に出ている。

この二編「人は同等なること」は、表題が示すように、初編で説かれたうちの特に天賦人権論だけを取り上げたもので、いわば初編冒頭の「天は人の上に人を造らず、人の下に人を造らず」という人権宣言の解説ともいえるような編である。官民対等論・官尊民卑打破が中心となっている。しかも末段に至って筆を転じ、国民順法の義務を論じ、学問の重要性を説いているのは、これまた初編末段の所論を再び強調したものにほかならない。

この編には、西洋流の社会契約論の思想が色濃く出ている。「政府と人民とに上下の別はなく、政府は国民との契約関係の上に成り立っているのだ」とする民主的思想である。福沢は前記ウェーランドの『修身論』中の「相互対等の責任」の章に、イギリスのチェンバーズ版教科書『経済読本』(*Chamber's Educational Course, Political Economy.* 刊行年不明)中の「個人の権利と義務」の章を参照して、これを書いたのである。しかしこうした社会契約思想は、アメリカのような共和国や、イギリスのような立憲国には一応適合するとしても、まだ憲法も議会もなかった明治初年の日本の実情に当てはまるものではない。福沢の論は、欧米先進国の政治の原理を先取りして、日本も今後はかくあらねばならぬという自覚を国民に促したものと見るべきであろう。

三　編（明治六年十二月）

この編は、緒論とも見るべき「国は同等なること」と、本論ともいうべき「一身独立して一国独立すること」との前後二章から成っている。前者は、これまた二編に引き続き、ウェーランドの『修身論』の「相互対等の責任」の翻訳に近い部分で、後者はその原理を日本人むけに応用展開させたものである。

二編では、個人の権利の平等を説いたのに対して、この編では、国家間の権利も、国力の強弱にかかわらず、平等に尊重されねばならぬことを力説した。天賦人権論を国際関係に適用したもので、いわば「天は国の上に国を造らず、国の下に国を造らず」の精神にほかならない。欧米列強の圧力の前に独立を脅かされている日本の国民としては、国家の運命を政府だけに任すべきではなく、各自が祖国の存立と名誉とを堅持する気概を持たねばならぬことを主眼としている。初編にすでにその一端を見せた国家独立論を、一編の主題として拡大させたものといえよう。『学問のすすめ』の中でも、ナショナリストとしての福沢の面目を最も発揮した文章である。

四　編（明治七年一月）

この四編「学者の職分を論ず」は、官尊民卑の打破を目的として、在野学者の使命を高唱したものである。「学者の在野精神が旺盛《おうせい》でなければ、一国の独立も、文明の進歩もあり得ぬ」という福沢の強い信念がみなぎっている点で注目すべき文章である。

この編は、おそらく福沢が当時の一流学者の結社だった明六社(明治六年結成)の会合の席で行なった談話の原稿ないし文章化であろう。明六社の会員は、福沢以外はおおむね官僚学者だったから、福沢の発言に対して、席上相当多くの異論が出た。本編の「附録」は、すなわちその問答をあとで整理して記したものと思われる。それら官僚学者たちの発言は、福沢の烈しい気魄《きはく》に比べると、著しく自己弁護的で、精彩を欠くことを免れなかった。

なおこの編は、ウェーランドの『修身論』とは関係がない。

五　編(明治七年一月)

この五編「明治七年一月一日の詞」は、題名通り明治七年の年頭に、福沢が慶応義塾の塾生たちを激励した言葉である。内容は四編とほぼ同趣旨であるが、福沢がいかに自己の私学教育に重い使命感を抱き、また慶応義塾の前途に大きな期待を持っていたかを思わせる。

六　編(明治七年二月)

この六編「国法の貴きを論ず」は、次の七編「国民の職分を論ず」とともに、初編・二編の末段に説かれた国民順法の精神と、暴力の否定とを趣旨としたものである。この両編も、ウェーランドの『修身論』の「人民の本分」と題する部分の翻訳による社会契約論にほかならない。「国民は自己の安全と幸福とを確保するため、政府を立てて政法の権を委任する一方、政府は国民の付託を受けて法を設け、国民を保護する。したがって国民は、一国の主人である半面、みだりに政府の権能を侵すことは、政府との契約に反することになる。もし政府に不正・不当があれば、国民は非合法な力に訴えることなく、言論によって改善を要求すべきだ」というのである。

本編後半において、このウェーランドの法治主義理論を日本に適用し、封建時代に美徳とされた敵討《かたきう》ちや、いわゆる天誅《てんちゅう》(天に代わって悪人に私刑を加えること)などを、政府の裁判権を無視した個人的暴行として強く否定しているのは、時宜に適したものである。但し、赤穂浪士《ろうし》の敵討ちに対する厳しい福沢の批判(赤穂不義士論)は、封建的武士道と近代法治主義のモラルとの異同を教える見本としては格好の例としても、純粋の史論としては、封建時代の歴史的・社会的背景をあまりに度外視している、という反論を免れぬであろう。

七　編(明治七年三月)

この七編「国民の職分を論ず」は、六編の続きで、題名もウェーランド『修身論』

の章名「人民の本分」(The Duties of Citizens) の翻訳にほかならない。六編で敵討ちや暗殺などの蛮行を非難した福沢は、この編に至って、暴動内乱の恐るべきことを訴え、「国民は政府の悪政に絶対に屈してはならないが、さりとて政治の改革に暴力を用いることは弊害がきわめて大きい。あくまで合法的・合理的な言論手段によって改革を図るべきだ」と強調している。

思うに、彼がこの文章を書いた明治七年二、三月という時期は、征韓論をめぐってわが政府部内に対立が激化し、西郷隆盛以下タカ派大官連の連袂《れんぺい》辞職となり、その頭目の一人江藤新平が、佐賀の乱(七年二月)を起こすなど、内乱による国内分裂の危機がひしひしと感ぜられる時であった。福沢のこの論は、そうした目前の切迫した社会情勢への警告の意味があったに違いない。

また国外においても、フランスは十八世紀末の大革命の反動で、その後数十年政情が不安定をきわめたのに対して、イギリスは議会政治が世界に範を示し、国運隆々たる黄金時代であった。福沢が暴力改革による体制破壊よりも、言論活動による政治改善に信頼をおいたのは、そうした海外の実情にかんがみたことも見のがされまい。暴力の否定と言論の尊重とは、福沢の生涯を通じて不動のものであった。この編は、ほとんどウェーランドの翻訳そのままとはいえ、福沢自身の信念をもよく示している。

但し末段に至って、福沢の筆はようやくウェーランドの翻訳を離れ、「日本古来のいわゆる忠臣義士の死は、真に社会の幸福利益のために身をなげうった崇高《すうこう》な死ではない。単に君臣主従の身分関係の犠牲になった犬死ににすぎぬ」と極論し、これを権助《ごんすけ》(下男)の首くくりにたとえて嘲笑《ちょうしょう》した。そのため、いたく世間の反感を買い、楠公《なんこう》権助論の名で福沢攻撃の火の手が広まった。そこでさすがの福沢も、新聞に長い釈明文を発表して、非難を緩和するのやむなきに至った。この編は、福沢の筆が調子に乗り過ぎた勇み足の見本としても有名である。

八　編(明治七年四月)

この八編「わが心をもつて他人の身を制すべからず」は、個人の自由の重要性を主眼としたものである。これも冒頭に福沢自身明らかにしているように、ウェーランドの『修身論』を骨子としたもので、同書の「個人の自由の性質について」の一部を前半に訳し、後半では、その見地から日本古来の男尊女卑や、一夫多妻や、家父長専権などの弊風を指摘している。

これらの弊風は、すべて封建時代の文教の根本だった儒教に由来するものであるから、この編は当然儒教道徳に対する痛烈な挑戦《ちょうせん》となっている。儒教がまだ絶対の権威を保っていた明治初年に、この福沢の大胆な儒教攻撃は、大きな啓蒙的意味を持つものであった。女性の地位の向上と家庭の浄化とは、福沢の終生変わらぬ念願で、この編はその代表的所論の一つといえよう。

『学問のすすめ』全一七編中、ウェーランド翻訳の痕跡《こんせき》が著しいのは、ほぼこの八編までと思われる。

九　編(明治七年五月)

この九編「学問の旨《むね》を二様に記して、中津の旧友に贈る文」は、次の十編とともに、郷里中津の後輩たちに与えた文章である。地方青少年の消極的な生活態度を戒め、志を大きくして天下社会に貢献すべきことを教えたものである。いわば福沢流の〝ボーイズ・ビー・アンビシャス〟にほかならない。『学問のすすめ』の書名に最もふさわしい編であろう。

十　編(明治七年六月)

この十編は、「前編の続き、中津の旧友に贈る」である。四編・五編では、日本の真の独立のために、官尊民卑の風を一掃することを学徒に要望したが、この編では、外国に対する国民の依頼心を戒め、外尊内卑の弊から脱却することの急務を力説している。ともに福沢の独立自尊の気概をよく示すものである。

十一編(明治七年七月)

この十一編「名分をもつて偽君子を生ずるの論」は、八編の「わが心をもつて他人の身を制すべからず」の続編の性格を有する。八編では、人間の自由を束縛するものとして、男尊女卑と家父長専権との弊害を説いたのに対して、ここでは君臣主従の名分(身分の差別)が偽善の風を生ずることを論じた。上下の名分を重んずる東洋古来の儒教道徳の欠点を鋭く衝いた編である。「儒教が理想とした道徳は、社会学でいうところの古代の単純なゲマインシャフト(共同社会)のモラルであったが、近代の複雑化した社会は、もはやそれでは間に合わない。大規模なゲゼルシャフト(利益社会)のルールに従わねばならぬ」ということを、そんなむずかしい学問的な表現を用いず、福沢一流の辛辣で諷刺的な筆致で説いたものといえよう。

編末に至って、「名分」と「職分」(職務上の責任)との相違を言い、「名分の差別は必要ないが、職分の区別は重んじなければならぬ」と釘《くぎ》をさしているのは、平等主義や自由主義を穿《は》き違えて、自分勝手に拡張解釈しがちな人々への適切な注意である。

十二編(明治七年十二月)

この十二編は、これまでの諸編と違い、独立した二つの短編から成っている。

日本には古来演説の習慣がなかった。日本が近代国家に脱皮して民意を伸長するために演説の不可欠であることを痛感した福沢は、明治六、七年ごろから熱心に演説の練習を始め、社会にこれを奨励した。英語の〝スピーチ〟を「演説」と訳したのも福沢に始まるといわれる。明治七年には門下生とともに三田演説会を起こし、翌八年には慶応義塾構内に三田演説館を建てた。日本最初の演説用の建物で、現在も貴重な文化財として残っている。本編前半の「演説の法を勧むるの説」は、すなわちこれと前後する時代に執筆されたものである。演説の重要性を力説し、学問の要は単に読書に尽きるのでなく、知識の縦横の活用にあることを教えている。

後半の「人の品行は高尚ならざるべからざるの論」は、やはり学者に実行力の必要なことを言うとともに、常に目標を高遠のところにおかねばならぬことを主張したものである。九編・十編の「中津の旧友に贈る文」などと相通ずるところがあろう。

十三編(明治七年十二月)

この十三編「怨望の人間に害あるを論ず」は、思想言論の自由が文明社会の発展にいかに大切かを主題としたもので、八編・十一編と並ぶ自由論である。この編では、〝怨望(ひがみ根性)の念を諸悪の根源ととらえ、過去の儒教道徳や封建的風習が、女子や小人(下民)の自由を抑圧したため、いきおい彼らの間に怨望の念を醸成して、社会に大害を及ぼした事実を指摘している。そして最後に至って、対話の必要を力説した。

人間心理の機微をうがった特色ある自由論といえよう。

女性に対して好意ある理解を示した点でも、八編とともに、断片的ながら福沢の早期の女性論として注目に値する。後年の彼は、『日本婦人論』(明治十八年)以下多くの女性論を著わして、女権の尊重と女性の解放につとめたのである。

十四編(明治八年三月)

この十四編は、「心事の棚卸し」と「世話の字の義」との二短編から成る。前者は、「人間の所業には意外な過失や見込み違いなどがあって、予定通り運びにくいものだから、常に商家の棚卸し(定時の在庫品調査)のごとく、自己の心中を点検する必要がある」ということを説いたもの。

後者は「人を世話するには、保護恩恵の愛情と、監督命令の権威とが並び行なわれねばならぬ」とし、「もし保護恩恵を与えるだけで監督命令を怠れば、過保護の弊に陥るし、保護恩恵を忘れて監督命令ばかり厳しくすれば、無情冷酷の難を免れない」と戒めたものである。

ともに後年の『福翁百話』の修養談に近い性格のもので、ことに後者は、『福翁百話』(第三十話)に、「世話の字の義を誤るなかれ」の題で反復されている。

十五編（明治九年七月）

この十五編「事物を疑って取捨を断ずること」は、明治八年三月刊行の十四編から一年半近くたって出た。けだしこのころ、民間には次第に民権熱が高まってきたので、警戒した政府は、八年六月讒謗律《ざんぼうりつ》・新聞紙条例を公布して、極端な言論弾圧の挙に出た。『学問のすすめ』の刊行に空白期間を生じたのは、しばらく筆を納めて形勢を観望する顧慮があったためかと察せられる。

それとともに、このころから福沢の姿勢に変化を生じた。これまでは西洋文明を規準と定め、その方向に日本を推進することに力を注いでいたのが、今や東西文明調和の方針に舵《かじ》を切りかえてきたのである。そこで、「すべて世の文明は〝懐疑の精神〟によってのみ発達する。日本人は西洋文明をも妄信することなく、自国の長所はこれを保存して、取捨選択を慎重にせねばならぬ」というのがこの編の趣旨となっている。「懐疑の精神が文明発達の原動力だ」というのは、このころ福沢が愛読措《お》かなかったイギリスの歴史家バックル(Thomas Buckle. 1821–62)の『英国文明史』(*Introduction to the History of Civilization in England*. 1857–61)の所説によったものにほかならない。

この年福沢の年齢は数え年四十三歳で、心身ともに円熟期に達し、思想が次第に調和的になってきたことを思わせる。これ以後の福沢の言論は、いったいに西洋文明一辺倒の理想主義から、より現実的・調和的・漸進《ぜんしん》的態度に変わってゆく。この十五編は、『学問のすすめ』の中でも、彼の言論の転換期を示す点ですこぶる重要な意味をもつものである。

なお修辞の上では、後半に長い仮定法を用い、西洋心酔の一学者を設定して、その口吻《こうふん》を想像し、面白く描写している。諷刺に富んだ奇文といえよう。

十六編（明治九年八月）

この十六編は、「手近く独立を守ること」と「心事と働きと相当すべきの論」との二短編から成る。十二編・十四編と同じ性質の修身訓話的色彩が強い。ことに後者は、理想のみ高くて実行力の伴わぬ人間と、実行力は旺盛でも理性の乏しい人間とを共に戒めて、〝心事〟（アイデア）と〝働き〟（行動力）とが一致せねば役に立たぬことを教えた適切な訓言であろう。

十七編（明治九年十一月）

この十七編「人望論」は、「人間にとって最も大切なものは、〝人望〟すなわち信用である。世の信用を得るには、言語を明快にし、容貌を活発にして、広く人と交わることが肝心だ」という趣旨である。信用論であると同時に、社交論である。十三編「怨望の人間に害あるを論ず」、十六編「心事と働きと相当すべきの論」でも、日本人の独善孤高癖を戒めているが、この編ではそれを反復して、積極的に自己の真価を人に知らせることの効能を力説した。日本人の封建的閉鎖性を打破して、西洋諸国のごとく、思想言論の交流を活発ならしめようとするもので、福沢の明朗闊達《かったつ》な人柄を躍如たらしめる。『学問のすすめ』の最後を飾る好編とするに足りよう。

三　『学問のすすめ』の性格と、流行の変遷

以上の『学問のすすめ』全一七編の主な精神をもう一度整理してみると、

一、門閥主義・階級主義から脱却して、自由平等主義に徹すること。
二、他人に依存せず、自己の人格を信じて、独立自尊の精神を堅持すること。
三、封建時代の和漢学を排して、西洋日新の科学を重んじ、生活に即した実学を旨とすること。
四、官尊民卑の風を打破して、民業を盛んにし、民間の学問を振興すること。
五、青少年は一身の小成に安んぜず、志を大きくして国家社会に貢献すること。
六、過去の権威に盲従せず、創造批判の精神を培《つちか》うこと。
七、暴力の行使を慎み、法秩序を厳守すること。

八、男尊女卑の弊を改め、女性の解放と家庭の浄化とにつとめること。
九、社交を盛んにして、対話・弁論の風を養うこと。

などに帰するであろう。そして、これらの主張の底に常に見のがされないのは、熱烈な祖国への愛情である。長い鎖国の小天地からにわかに国際社会の一員となった極東の一小島国日本を、名実ともに揺るぎなきアジアの近代国家とするために、速やかに国民の精神革命を図ろうというのが福沢の随一の念願であった。それこそ『学問のすすめ』の基調をなす精神にほかならなかったのである。そして福沢の言論は、部分的には時代によってある程度の変化を示しながらも、この日本の独立達成への悲願は、終始一貫、少しも変わるところがなかった。

福沢の著作歴を仮に二つの時期に大きく分ければ、『学問のすすめ』は前期の著作の総決算であるとともに、後期の著作の出発点でもあった。これ以後現われる幾多の著書の思想の骨格は、一応この書に備わっているといえる。『学問のすすめ』を福沢思想の総論とすれば、その後の著作は各論であり、時には修正版でもあった。その意味でもこの書は、福沢の著作中、中心の座を占めるものである。

『学問のすすめ』について、特に注目すべきは、学制頒布《はんぷ》との関連である。明治五年七月、太政官《だじょうかん》(今の内閣)は、今後の政府の教育方針を明示した「学制頒布ニ付キ仰

セ出ダサレ書」という布告文を出した。その内容は、

一、これまで学問は、もっぱら武士階級だけのものと考えられ、庶民や女性には無関係の観があったが、今後は教育を普及し、国民に一人の無学者もあらしめてはならない(教育の機会均等)。

二、これまでの学問は、とかく文字の記憶暗誦《あんしょう》のみに走り、実生活に縁遠かった。今後の学問は、直接日常の用に役立つものでなければならない(実学主義)。

三、これまでの学問は、ややもすれば国家のためというような遠大なことを目標とするばかりであった。今後の学問は、自分一個の生活を固め、身を立てる基とせねばならない(個人主義)。

という趣旨である。その思想は、『学問のすすめ』初編に見えるところとよく似ているばかりでなく、個人主義に徹底した点では、むしろ『学問のすすめ』の線をはみ出しているくらいである。政府自らが宣言した教育方針としては、破天荒というほかはない。しかも文章も非常にくだけていて、俗語に近い表現も目につく。今その原文を引くことは省略するが、その約二十年後に発布された「教育勅語」(明治二十三年)のいかめしさとは雲泥《うんでい》の相違である。学制頒布の趣意書は、『学問のすすめ』初編刊行の約半年近く後に公布されたものだから、おそらくそれを参照したのであろう。その起

草者はよく分からないが、福沢の感化を受けた人に違いない。当時福沢の教育界における勢力は大したもので、世間では、「文部省は竹橋《たけばし》にあり、文部卿(後の文部大臣)は三田にあり」と言った。「文部省の建物は竹橋という所にあるが、文部省の教育を支配する実力者は、三田に住む福沢諭吉だ」という意味である。当時の政府が、文教の方針を民間学者福沢の主義主張に仰いだとしても、不思議ではなかったのである。

『学問のすすめ』二編以下は、学制頒布以後の著作で、これは政府の教育方針になるべく歩調を合わせて議論を立てているところが見られる。福沢は役人ぎらいで、みずから明治政府に仕える気は毛頭なかったが、決して頑固な反政府主義者ではなかった。彼は、自分の信ずる洋学主義を政府が採用する限りは、これに協力する努力を惜しまなかった。彼の数多い啓蒙書は、いわば政府の開明政策を国民に徹底させる早分かり書の役目をつとめたものといえよう。『学問のすすめ』もその例外ではなかった。たとえば、初編や二編などで百姓一揆を戒め、七編で内乱の危険を説いているのは、明治政府に対する人民の不平反抗をしずめ、国内勢力の分裂を防いで、日本を速く統一国家に強化しようと念願したものであろう。また六編(七年二月)で敵討《かたきう》ちを非合法な蛮風として排斥し、「赤穂義士は義士にあらず」とまで痛論しているのも、前年(六年二月)、政府が公布した仇討ち禁止の法令を国民の納得するよう敷衍《ふえん》したものと思われる。かように、この時代の福沢と政府との間柄は、持ちつ持たれつの関係にあったといえよう。

『学問のすすめ』の流行は、なんといっても、全国の学校教科書に用いられたことが大きな原因であった。本書が、明治啓蒙期に育った青少年にいかに大きな希望を与え、彼らの志を鼓舞したかは測り知れぬものがあった。明治十年代になると、国民の間に国会開設・憲法制定を要求するいわゆる自由民権運動がまき起こったが、当時の民権主義者のうたい文句となったのは、「天は人の上に人を造らず、人の下に人を造らず」という言葉であった。『学問のすすめ』は、民権運動のバイブルのごとき観があったのである。

しかし、こうした激しい社会の動きに恐れを抱いた政府は、保守的・復古的な教育方針に転換し、明治十三、四年ごろから教科書の検閲制度を設けて、自由主義的な本の使用を禁止するに至った。もはやこのころの福沢自身は、思想界の第一線から後退した形で、その言論には、かつてのごとき鋭い革新性は薄れていたが、政府にとって依然けぶたい大物だったことは争われない。ことに彼の門下生からは、新進の民権論者が輩出して、慶応義塾は反政府主義者の巣窟《そうくつ》の一つのようにさえ見られた。そこで、福沢の著書が好ましからざる教科書の槍玉《やりだま》にあがったのは当然である。『学問のすすめ』の学校教育における使命は、この時一応終止符を打たれた形である。

明治中期、教育勅語制定のころから、政府の教育方針はますます国家主義・軍国主義の一途をたどったので、福沢の自由主義思想は、もはやわが国教育思潮の主流となることはなく、彼の晩年、すでに『学問のすゝめ』は影の薄い過去の古典と化していた。さらに昭和の戦時中になると、軍部や政府は、福沢諭吉を敵国米英の文化の最初の移植者としか理解せず、その思想を異端邪説視したから、「天は人の上に人を造らず」などの言葉は、おくびにも出せなかった。

福沢が再び人気を盛り返したのは、いうまでもなく死後約半世紀を経た終戦後である。長らく国民の脳裏を遠ざかっていた「天は人の上に人を造らず」のキャッチ・フレーズは、にわかに民主主義のお呪《まじな》いのようにもてはやされることになった。戦時中には肩身の狭かった『学問のすゝめ』が、フェニックスのごとく羽ばたく時節が到来したのである。これは、おそらく地下の福沢自身も意外とするところであろう。外国人の間にも熱心な福沢研究家が現われ、『学問のすゝめ』は、今や日本の古典から世界の古典に昇格しつつあるようにさえ思われる。

アメリカの元駐日大使(現ハーバード大学教授)ライシャワー氏(一九一〇―九〇)のごときも大の福沢ファンで、「明治の多くの指導者中、最も偉大な人物は福沢諭吉だ。明治の指導者の遺産の中、現代の日本に全面的に適合するものは、福沢の思想だけである」(「明治指導者の遺産」)と言い、『学問のすすめ』を「偉大な著書」とたたえている。このライシャワー氏の言葉は、多少割引きして考える必要があろう。いかに福沢が優れた思想家だったとしても、十九世紀の思想が、二十一世紀も遠からぬ現代に百パーセント適用することはあり得ない。それは歴史の宿命である。しかし、百年前の福沢の言葉が、今日の時代にも該当することのいかに多いことか。われわれ日本人は、福沢諭吉を過去の世界に葬り去って惜しくないほど十分にまだ進歩していないのも事実であろう。

福沢は『学問のすすめ』十三編の中で、過去の学問を学ぶ者の心得を説いて、

後世の孔子を学ぶ者は、時代の考へ〔時代水準の相違〕を勘定の内に入れて取捨せざるべからず。二千年前に行なはれたる教へ〔儒教〕をそのままにしき写し〔模倣〕して、明治年間に行なはんとする者は、ともに事物の相場〔価値の変化〕を談ずべからざる人なり。

と言っている。「古人の教えを今に活用するには、当然時代の変化を念頭において選択せねばならぬ」というのである。明治年間の福沢諭吉の思想を昭和の今日に学ぶ者も、やはり百年間の時代の相違を考えて、取捨すべきことはいうまでもあるまい。

四　福沢の小伝

福沢諭吉は天保五年十二月十二日(西暦一八三五年一月十日)、大阪堂島《どうじま》の中津藩蔵屋《くらや》敷《しき》(藩の出張所)に生まれた。父百助《ひゃくすけ》は、多年そこに在勤した下級武士であった。生後一年半で父の病死にあい、一家は郷里中津(今の大分県中津市)に帰る。しかし封建の門閥制度に矛盾を痛感した彼は、青年期に入るや、まず学問の新天地を求めて長崎におもむき、ついで大阪の蘭学の大家緒方洪庵《おがたこうあん》の塾に入って、蘭学の修業に励んだ。

安政五年(一八五八)、数え年二十五歳の時江戸に出て、築地の中津藩邸内に塾を開く。後の慶応義塾のもとである。ほどなく彼は、すでに蘭学が時代に適せぬことを知って英学に転じ、独学で英学の先駆者となった。やがて洋学の力を認められて、幕府に登用され、外交文書の翻訳に従事することとなる。そしてその前後にわたり、幕府の遣外使節団に随行して三回洋行する機会に恵まれた(万延元年米国に、文久元—二年欧州に、慶応三年再び米国に渡る)。それらの体験や、原書の知識に基づき、『西洋事情』(慶応二—明治三年刊)以下多くの西洋紹介書を公にして、その名を天下に知られるに至る。

明治維新(一八六八年)の時、彼は数え年三十五歳の働き盛りになっていた。新政府から再三出仕を勧められたが受けず、もっぱら民間にあって、慶応義塾の教育と、国民啓蒙のための著作とを使命とする態度を変えなかった。慶応義塾は発祥地の築地から一時芝新銭座《しんせんざ》に転じ、さらに明治四年三田の現地に移った。その間、日本最大の洋学校たる地位を確立、出身者は全国新文明の指導者となった者が多い。またおびただしい福沢の著書は、好個の国民読本として歓迎を受けた。中でも『学問のすすめ』(明治五―九年刊)は、いわゆる〝文明開化のバイブル〟の観があり、社会的影響の大きかったことは今日の想像を越えるものがあった。同じ時代の『文明論之概略』(明治八年刊)は、福沢思想の最も体系的な大著として重要である。明治初年から十年ごろまでのわが国開明の気運は、福沢によって指導されたといっても過言ではない。

その後、日本の官僚国家体制が強まるに伴い、福沢の自由主義思想は、時代の主流から遠ざかるに至ったが、明治十五年(一八八二)には『時事新報』を創刊して、新聞人としても多大の成功を収めた。晩年の著作では、『福翁百話』(明治三十年刊)・『福翁自伝』(明治三十二年刊)を代表的なものとする。ことに後者は、日本人の自伝文学の最高峰として定評がある。明治三十四年(一九〇一)二月三日、数え年六十八歳で没した。

本書は一九七七年六月、社会思想社から現代教養文庫として刊行された。

現代語訳 学問のすすめ　福沢諭吉

2013年10月16日　第1刷発行
2025年 4 月24日　第8刷発行

訳 者　伊藤正雄《いとうまさお》

発行者　坂本政謙

発行所　株式会社 岩波書店
〒101-8002 東京都千代田区一ツ橋 2-5-5

案内 03-5210-4000　営業部 03-5210-4111
https://www.iwanami.co.jp/

印刷・精興社　製本・中永製本

ISBN 978-4-00-600300-5　Printed in Japan

岩波現代文庫創刊二〇年に際して

二一世紀が始まってからすでに二〇年が経とうとしています。この間のグローバル化の急激な進行は世界のあり方を大きく変えました。世界規模で経済や情報の結びつきが強まるとともに、国境を越えた人の移動は日常の光景となり、今やどこに住んでいても、私たちの暮らしは世界中の様々な出来事と無関係ではいられません。しかし、グローバル化の中で否応なくもたらされる「他者」との出会いや交流は、新たな文化や価値観だけではなく、摩擦や衝突、そしてしばしば憎悪までをも生み出しています。グローバル化にともなう副作用は、その恩恵を遥かにこえていると言わざるを得ません。

今私たちに求められているのは、国内、国外にかかわらず、異なる歴史や経験、文化を持つ「他者」と向き合い、よりよい関係を結び直してゆくための想像力、構想力ではないでしょうか。

新世紀の到来を目前にした二〇〇〇年一月に創刊された岩波現代文庫は、この二〇年を通して、哲学や歴史、経済、自然科学から、小説やエッセイ、ルポルタージュにいたるまで幅広いジャンルの書目を刊行してきました。一〇〇〇点を超える書目には、人類が直面してきた様々な課題と、試行錯誤の営みが刻まれています。読書を通した過去の「他者」との出会いから得られる知識や経験は、私たちがよりよい社会を作り上げてゆくために大きな示唆を与えてくれるはずです。

一冊の本が世界を変える大きな力を持つことを信じ、岩波現代文庫はこれからもさらなるラインナップの充実をめざしてゆきます。

（二〇二〇年一月）

岩波現代文庫［学術］

G435
宗教と科学の接点
河合隼雄
「たましい」「死」「意識」など、近代科学から取り残されてきた、人間が生きていくために大切な問題を心理療法の視点から考察する。〈解説〉河合俊雄

G436
増補 軍隊と地域
―郷土部隊と民衆意識のゆくえ―
荒川章二
一八八〇年代から敗戦までの静岡を舞台に、矛盾を孕みつつ地域に根づいていった軍が、民衆生活を破壊するに至る過程を描き出す。

G437
歴史が後ずさりするとき
―熱い戦争とメディア―
ウンベルト・エーコ
リッカルド・アマデイ訳
歴史があたかも進歩をやめて後ずさりしはじめたかに見える二十一世紀初めの政治・社会の現実を鋭く批判した稀代の知識人の発言集。

G438
増補 女が学者になるとき
―インドネシア研究奮闘記―
倉沢愛子
インドネシア研究の第一人者として知られる著者の原点とも言える日々を綴った半生記。「補章　女は学者をやめられない」を収録。

G439
完本 中国再考
―領域・民族・文化―
葛兆光
辻康吾監訳
永田小絵訳
「中国」とは一体何か？　複雑な歴史がもたらした国家アイデンティティの特殊性と基本構造を考察し、現代の国際問題を考えるための視座を提供する。

2025. 4

G440
私が進化生物学者になった理由
長谷川眞理子

ドリトル先生の大好きな少女がいかにして進化生物学者になったのか。通説の誤りに気づき、独自の道を切り拓いた人生の歩みを語る。巻末に参考文献一覧付き。

G441
愛について ―アイデンティティと欲望の政治学―
竹村和子

物語を撹乱し、語りえぬものに声を与える。精緻な理論でフェミニズム批評をリードしつづけた著者の代表作、待望の文庫化。〈解説〉新田啓子

G442
宝塚 ―変容を続ける「日本モダニズム」―
川崎賢子

百年の歴史を誇る宝塚歌劇団。その魅力を掘り下げ、宝塚の新世紀を展望する。底本を大幅に増補・改訂した宝塚論の決定版。

G443
新版 ナショナリズムの狭間から ―「慰安婦」問題とフェミニズムの課題―
山下英愛

性差別的な社会構造における女性人権問題として、現代の性暴力被害につづく側面を持つ「慰安婦」問題理解の手がかりとなる一冊。

G444
夢・神話・物語と日本人 ―エラノス会議講演録―
河合隼雄
河合俊雄訳

河合隼雄が、日本の夢・神話・物語などをもとに日本人の心性を解き明かした講演の記録。著者の代表作に結実する思想のエッセンスが凝縮した一冊。〈解説〉河合俊雄

2025.4

岩波現代文庫[学術]

G445-446
ねじ曲げられた桜(上・下)
―美意識と軍国主義―
大貫恵美子

桜の意味の変遷と学徒特攻隊員の日記分析を通して、日本国家と国民の間に起きた「相互誤認」を証明する。〈解説〉佐藤卓己

G447
正義への責任
アイリス・マリオン・ヤング
岡野八代
池田直子 訳

自助努力が強要される政治の下で、人びとが正義を求めてつながり合う可能性を問う。ヌスバウムによる序文も収録。〈解説〉土屋和代

G448-449
ヨーロッパ覇権以前(上・下)
―もうひとつの世界システム―
J.L.アブー=ルゴド
佐藤次高ほか訳

近代成立のはるか前、ユーラシア世界は既に一つのシステムをつくりあげていた。豊かな筆致で描き出されるグローバル・ヒストリー。

G450
政治思想史と理論のあいだ
―「他者」をめぐる対話―
小野紀明

政治思想史と政治的規範理論、融合し相克する二者を「他者」を軸に架橋させ、理論の全体像に迫る、政治哲学の画期的な解説書。

G451
平等と効率の福祉革命
―新しい女性の役割―
G.エスピン=アンデルセン
大沢真理監訳

キャリアを追求する女性と、性別分業に留まる女性との間で広がる格差。福祉国家論の第一人者による、二極化の転換に向けた提言。

2025.4

G457
現代《いま》を生きる日本史
須田努
清水克行

縄文時代から現代までを、ユニークな題材と最新研究を踏まえた平明な叙述で鮮やかに描く。大学の教養科目の講義から生まれた斬新な日本通史。

G458
小国
―歴史にみる理念と現実―
百瀬宏

大国中心の権力政治を、小国はどのように生き抜いてきたのか。近代以降の小国の実態と変容を辿った出色の国際関係史。

G459
〈共生〉から考える
―倫理学集中講義―
川本隆史

「共生」という言葉に込められたモチーフを現代社会の様々な問題群から考える。やわらかな語り口の講義形式で、倫理学の教科書としても最適。「精選ブックガイド」を付す。

G460
〈個〉の誕生
―キリスト教教理をつくった人びと―
坂口ふみ

「かけがえのなさ」を指し示す新たな存在論が古代末から中世初期の東地中海世界の激動のうちで形成された次第を、哲学・宗教・歴史を横断して描き出す。〈解説〉山本芳久

G461
満蒙開拓団
―国策の虜囚―
加藤聖文

満洲事変を契機とする農業移民は、陸軍主導の強力な国策となり、今なお続く悲劇をもたらした。計画から終局までを辿る初の通史。

2025. 4

岩波現代文庫[学術]

G462
排除の現象学
赤坂憲雄
いじめ、ホームレス殺害、宗教集団への批判——八十年代の事件の数々から、異人が見出され生贄とされる、共同体の暴力を読み解く。時を超えて現代社会に切実に響く、傑作評論。

G463
越境する民
近代大阪の朝鮮人史
杉原達
暮しの中で朝鮮人と出会った日本人の外国人認識はどのように形成されたのか。その後の研究に大きな影響を与えた「地域からの世界史」。

G464
越境を生きる
ベネディクト・アンダーソン回想録
ベネディクト・アンダーソン
加藤剛訳
『想像の共同体』の著者が、自身の研究と人生を振り返り、学問的・文化的枠組にとらわれず自由に生き、学ぶことの大切さを説く。

G465
我々はどのような生き物なのか
—言語と政治をめぐる二講演—
ノーム・チョムスキー
福井直樹
辻子美保子編訳
政治活動家チョムスキーの土台に科学者としての人間観があることを初めて明確に示した二〇一四年来日時の講演とインタビュー。

G466
ヴァーチャル日本語 役割語の謎
金水敏
現実には存在しなくても、いかにもそれらしく感じる言葉づかい「役割語」。誰がいつ作ったのか。なぜみんなが知っているのか。何のためにあるのか。〈解説〉田中ゆかり

G467
コレモ日本語アルカ？
―異人のことばが生まれるとき―

金水　敏

ピジンとして生まれた〈アルヨことば〉は役割語となり、それがまとう中国人イメージを変容させつつ生き延びてきた。〈解説〉内田慶市

G468
東北学／忘れられた東北

赤坂憲雄

驚きと喜びに満ちた野辺歩きから、「いくつもの東北」が姿を現し、日本文化像の転換を迫る。「東北学」という方法のマニフェストともなった著作の、増補決定版。

G469
増補 昭和天皇の戦争
―「昭和天皇実録」に残されたこと・消されたこと―

山田　朗

平和主義者とされる昭和天皇が全軍を統帥する大元帥であったことを「実録」を読み解きながら明らかにする。〈解説〉古川隆久

G470
帝国の構造
―中心・周辺・亜周辺―

柄谷行人

『世界史の構造』では十分に展開できなかった「帝国」の問題を、独自の「交換様式」の観点から解き明かす、柄谷国家論の集大成。佐藤優氏との対談を併載。

G471
日本軍の治安戦
―日中戦争の実相―

笠原十九司

治安戦(三光作戦)の発端・展開・変容の過程を丹念に辿り、加害の論理と被害の記憶からその実相を浮彫りにする。〈解説〉齋藤一晴

岩波現代文庫[学術]

G472
網野善彦対談セレクション
1 日本史を読み直す
山本幸司編

日本史像の変革に挑み、「日本」とは何かを問い続けた網野善彦。多彩な分野の第一人者たちと交わした闊達な議論の記録を、没後二〇年を機に改めてセレクト。(全二冊)

G473
網野善彦対談セレクション
2 世界史の中の日本史
山本幸司編

戦後日本の知を導いてきた諸氏と語り合った、歴史と人間をめぐる読み応えのある対談六篇。若い世代に贈られた最終講義「人類史の転換と歴史学」を併せ収める。

G474
明治の表象空間(上)
―権力と言説―
松浦寿輝

学問分類の枠を排し、言説の総体を横断的に俯瞰。近代日本の特異性と表象空間のダイナミズムを浮かび上がらせる。(全三巻)

G475
明治の表象空間(中)
―歴史とイデオロギー―
松浦寿輝

「因果」「法則」を備え、人びとのシステム論的な「知」への欲望を満たす社会進化論の跋扈。教育勅語に内在する特異な位相の意味するものとは。日本近代の核心に迫る中巻。

G476
明治の表象空間(下)
―エクリチュールと近代―
松浦寿輝

言文一致体に背を向け、漢文体に執着した透谷・一葉・露伴のエクリチュールにはいかなる近代性が孕まれているか。明治の表象空間の全貌を描き出す最終巻。〈解説〉田中 純

2025.4

岩波現代文庫[学術]

G477
シモーヌ・ヴェイユ
冨原眞弓
その三四年の生涯は「地表に蔓延する不幸」との闘いであった。比類なき誠実さと清冽な思索の全貌を描く、ヴェイユ研究の決定版。

G478
フェミニズム
竹村和子
最良のフェミニズム入門であり、男／女のカテゴリーを徹底的に問う名著を文庫化。性差の虚構性を暴き、身体から未来を展望する。〈解説〉岡野八代

G479
増補 総力戦体制と「福祉国家」
—戦時期日本の「社会改革」構想—
高岡裕之
戦後「福祉国家」とは全く異なる総力戦体制＝「福祉国家」の姿を、厚生省設立等の「戦時社会政策」の検証を通して浮び上らせる。

G480-481
経済大国興亡史 1500-1990(上・下)
チャールズ・P・キンドルバーガー
中島健二訳
繁栄を極めた大国がなぜ衰退するのか——国際経済学・比較経済史の碩学が、五〇〇年にわたる世界経済を描いた。〈解説〉岩本武和

G482
増補 平清盛 福原の夢
髙橋昌明
『平家物語』以来「悪逆無道」とされてきた清盛の、「歴史と王家への果敢な挑戦者」としての姿を浮き彫りにし、最初の武家政権「六波羅幕府」のヴィジョンを打ち出す。

2025. 4

岩波現代文庫［学術］

G483-484

焼跡からのデモクラシー（上・下）

―草の根の占領期体験―

吉見義明

戦後民主主義は与えられたものではなく、戦争を支えた民衆が過酷な体験と伝統的価値観をもとに自ら獲得したことを明らかにする。

2025. 4